Mirna Funk

Who Cares!

*Von der Freiheit,
Frau zu sein*

dtv

MIX
Papier | Fördert
gute Waldnutzung
FSC® C083411

5. Auflage 2024
Originalausgabe 2022
© 2022 dtv Verlagsgesellschaft mbH & Co. KG, München
Das Werk ist urheberrechtlich geschützt.
Jede Verwertung ist nur mit Zustimmung des Verlags zulässig.
Das gilt insbesondere für Vervielfältigungen, Übersetzungen und die
Einspeicherung und Verarbeitung in elektronischen Systemen.
Umschlaggestaltung: unfun.de
Satz: Uhl + Massopust, Aalen
Gesetzt aus der Skolar Latin
Druck und Bindung: CPI books GmbH, Leck
Gedruckt auf säurefreiem, chlorfrei gebleichtem Papier
Printed in Germany · ISBN 978-3-423-35188-1

Für meine kluge, lustige, liebevolle,
schöne und mutige Tochter Etta

Inhalt

Vorwort   9

Karriere   16

Liebe   30

Sex   47

Geld   60

Kinder   75

Körper   93

Nachwort   105

Literatur   107

Anmerkungen 111

Vorwort

Die große Frage ist natürlich, ob es dieses Buch ohne den Mai 2021 gäbe. Ohne dass mein Artikel auf dem feministischen Online-Portal *pinkstinks* erschienen wäre, in dem ich Frauen dazu ermutigte, am Muttertag ihre faulen Männer zu verlassen, und sie gleichzeitig daran erinnerte, dass dies selbstverständlich nur dann möglich ist, wenn sie finanziell unabhängig sind. Gäbe es dieses Buch, wenn danach nicht ein Teil des Literaturbetriebs, Twitter-Deutschland und ein paar abgehängte Reihenhausfeministinnen auf Instagram, behauptet hätten, ich sei entweder eine reiche Erbin oder eine gewiefte Hochstaplerin, anders jedenfalls könne es nicht sein, schließlich hatte ich in dem Text geschrieben, dass ich mein Leben lang schon finanziell unabhängig gewesen sei? Gäbe es dieses Buch ohne den Shitstorm, der daraufhin folgte, ohne die zahlreichen Memes, die gebastelt wurden, und die seitenlangen Threads, in denen über Tage öffentlich über meinen 30 Jahre alten Porsche und mein Ligne-Roset-Sofa diskutiert wurde – nicht aber über die Notwendigkeit finanzieller Unabhängigkeit? Gäbe es dieses Buch, ohne dass einige Personen im Zuge der Debatte begonnen hätten, meinen Urgroßvater als »kulturelles Kapital« zu bezeichnen – ein Mann, der 1936 mit seiner Frau Juliette aus Deutschland fliehen musste, weil beide

Juden waren; der nur wenige Jahre später seine Frau im Krieg verlor und die gemeinsame kleine Tochter, meine Großmutter, in einem französischen Kinderheim unterbringen musste, so lange jedenfalls, bis es nicht mehr sicher war und beide es gerade noch so schafften, in die Schweiz zu fliehen, und deshalb überhaupt überlebten?

Nein, dieses Buch gäbe es ohne den Mai 2021 nicht. Obwohl der Inhalt dieses Buches nicht neu ist. Nicht für mich jedenfalls. Denn schließlich tauchen die von mir auf rund 100 Seiten erörterten Thesen seit zehn Jahren kontinuierlich in meinen Texten, Büchern, Essays, Artikeln und Kolumnen auf. Und auch, wenn sie von mir immer wieder an unterschiedlichen Stellen thematisiert wurden, glaubte ich nie, dass die Notwendigkeit bestünde, aus diesen Thesen ein Buch zu machen. Unter anderem, weil das meiste, was ich behaupte, längst gesagt wurde. Von der bekannten Feministin Hedwig Dohm vor über hundert Jahren zum Beispiel. Nämlich, dass Emanzipation nur dann möglich ist, wenn Frauen finanziell unabhängig sind und dass an dieser finanziellen Unabhängigkeit eben auch eine geistige hängt.

Seit zehn Jahren werde ich in deutsch-feministischen Kreisen für genau dieses Statement, ein Hedwig Dohm'sches Statement, beleidigt, kritisiert, geshitstormt, gecancelt, belächelt. Ich, eine ostdeutsche Jüdin, alleinerziehend, Arbeiterkind. Theoretisch stolze Trägerin der Goldmedaille bei der beliebten Opfer-Olympiade.

Dass mir das passiert, liegt nicht an der schieren Absurdität meiner Behauptungen, sondern daran, dass der feministische Diskurs in diesem Land von Frauen geführt wird, die wohlig aufgehoben in einem Mittelstandshaushalt in Westdeutschland aufwuchsen, in dem mittags das warme Essen – gekocht von der Akademikermutter ohne Arbeit – auf dem Tisch stand. Von Frauen also, die ihre Mütter nie haben arbeiten sehen, sondern mitbekommen mussten, was es heißt, finanziell abhängig zu sein, von einem Mann, von ihren eigenen Vätern nämlich. Aus dieser Beobachtung entwickelte sich bei den wenigsten ein Verständnis dafür, dass diese ungute Abhängigkeit und die damit einhergehende Unzufriedenheit eines ungelebten Lebens ihrer Mütter eben auch Entscheidung und nicht einfach nur Schicksal war. Dass daran nicht das System, das Patriarchat oder irgendeine andere abstrakte Kraft schuld war, sondern dass die Verantwortung vielleicht – aber nur vielleicht – in den Frauen gesucht werden sollte, die sich lieber Taschengeld auszahlen ließen als ihr eigenes Geld zu verdienen. Dass die fehlende Kinderbetreuung in der Bundesrepublik doch zum Beispiel durch das initiative Eröffnen von Kindertagesstätten hätte unterminiert werden können. Dass das Ehegattensplitting längst abgeschafft wäre, hätten mehr Westfrauen den Mut gehabt, in die Politik zu gehen statt ins nächste Feinkostgeschäft.

Ja, selbstverständlich verstehe ich, dass aus einem Schutzbedürfnis der eigenen Mutter gegenüber die Schuld externalisiert und auf eine vermeintlich im Außen liegende Entität projiziert wurde. Wirklich. Was ich aber nicht verstehe, ist, warum der Opferstatus der westdeutschen Mütter völlig kritiklos auf alle Frauen angewendet werden muss. Auch auf jene Frauen, die sich nie als Opfer begriffen haben, weil sie zum Beispiel immer finanziell unabhängig waren, aufgrund ihrer ostdeutschen Sozialisation, oder weil sie eine eigene Sexualität haben ohne Angst, diese auszuleben, oder weil sie Liebe nie als Unterwerfung verstanden haben, sondern als ebenbürtige Partnerschaft, oder weil Kinder für sie nicht das Ende ihres Frauseins bedeuteten, sondern eine Vertiefung und Ergänzung, oder weil sie ambitioniert genug waren, eine eigene Karriere aufzubauen, und ihr Geld selber verwalten wollen.

Und von genau diesen Frauen gibt es Millionen in diesem Land. Millionen Frauen, die vollkommen irritiert von den aktuellen Debatten sind. Irritiert davon, wie sie gesehen werden, weil sie sich selbst ganz anders sehen: nicht schwach, sondern stark; nicht als arme Häschen, sondern als mutige Amazonen; nicht abhängig, sondern frei. Dass diese Millionen Frauen sich selbst anders sehen, als der deutsche Feminismus sie sieht, hat komplexe und vielseitige Gründe. Die lassen sich in der Sozialisation finden, in der individuellen Biografie, in der Lebenseinstellung, in den Werten, in der Kindheit. Es spielt keine Rolle, warum manche Frauen sich als Opfer und andere sich als Subjekte ihres eigenen Lebens begreifen. Wichtig ist, dass Letztere seit Jahren von angeblichen Feministinnen in diesem Land beschimpft und beleidigt werden, wenn sie nicht mit einstimmen in die feministische Ideologie der großen immerwährenden Leidensgeschichte, an der

Frauen keine Schuld tragen, nur Männer und das System und das Patriarchat und der Kapitalismus.

Dieses Buch, das ohne die kreischenden, mit Mistgabeln und Fackeln bewaffneten Frauen aus dem Mai 2021 niemals entstanden wäre, ist für jene Frauen, die nicht twittern, sondern Scheine machen; die ihr Kind nicht als Arbeit, sondern als Wunder sehen; die Geld mögen, ohne neoliberalistische Bösewichte zu sein; die ehrgeizig sind, einfach so, nicht, weil sie irgendwelchen Männern nacheifern; die ihren Körper lieben und mit ihm machen, was sie wollen, und für die, die wissen, dass Begehren selbstverständlich auch weiblich ist und nicht eine internalisierte Irrwanderung, die der männlichen Befriedigung in die Hände spielen soll.

Frauen eben, die sich als unabhängige Subjekte verstehen – selbstverständlich immer eingebunden in eine Gesellschaft mit ihren Werten, Vorstellungen und Grenzen –, aber mündig genug, sich im Rahmen dieser Möglichkeiten und Vorgaben autonom und widerständig zu bewegen. Immer wissend, dass wir nur dieses eine Leben haben, dass wir sterben werden, schneller, als es uns lieb ist, und dass da draußen absolut niemand ist, der uns dabei helfen wird, unser Leben so zu gestalten, wie wir es brauchen. Kein Staat, keine Institution, niemand. Dass der Staat und die Instanzen dazu da sind, ganz im Hobbschen Sinne anarchisches Chaos zu verhindern, aber eben das individuelle Glück nicht zu delivern haben wie der Lieferdienst *Gorilla* die Sonntagseier. Diese Verantwortung fürs eigene Leben, für die paar Jahre, die wir haben, muss eigenständig übernommen werden. Jeder infantile Tobsuchtsanfall ist pure Zeitverschwendung und dazu auch noch ernsthaft unsolidarisch. Aber jeder Wille, aktive Veränderung und progressive Weiterentwicklung in seinem privaten wie auch beruflichen Umfeld in die Wege zu leiten, ist der Motor, der diese Gesellschaft in die Zukunft führen wird. Diese Zukunft ist keine Utopie. Dort fließen keine Milch und kein Honig. Dort fliegen einem nicht die Hähnchenschenkel in den Mund. Dort muss nicht niemand mehr arbeiten und alle haben plötzlich Pools. Diese Utopien gibt es nur in Märchen, im Christentum und beim Kommunismus. Ich spreche von einer realistischen Welt, in der es morgen besser als heute und schlechter als übermorgen ist.

Und diese Zukunft haben Frauen genauso in der Hand wie Männer. Sie können sich aus den uralten Rollenbildern aktiv herauslösen, sich von traditionellen Werten abwenden, flexible Wege statt konservative wählen und mit Schweiß und Kraft eine Welt für ihre Kinder und Enkel kreieren, die schöner als die jetzige ist.

Das allerdings wird nicht passieren, wenn man die Veränderungswünsche an den Staat delegiert und bockig darauf wartet, dass sich die Gesellschaft zum Besseren wendet. Jede Frau, die lethargisch zu Hause sitzt und schreit *Ich mache nicht mit, solange wir 18 Prozent weniger als Männer verdienen!*[1] anstatt sich selbst ins C-Level zu katapultieren, um faire Bezahlungen einzuführen, ist nicht progressiv, sondern antifeministisch. Jede Frau, die lieber die Socken des Ehemanns wäscht, aber gleichzeitig auf gegenderte Sprache besteht, ist nicht progressiv, sondern antifeministisch. Und jede Frau, die anderen Frauen ihre Unabhängigkeit neidet, ist nicht progressiv, sondern antifeministisch.

Karriere

Die Sonne brannte. Mein Sommerkleid flatterte im Wind. In meinem Kopf ein Tornado. Der dritte Joint des Tages hatte ordentlich geballert. Verstrahlt steckte ich den Schlüssel ins Schloss, drehte ihn um und tapste in den kalten Hausflur. Hinter mir lagen acht Stunden Schule, von denen ich vermutlich zehn Sekunden mitbekommen hatte. Vielleicht auch fünfzehn. Aber mehr garantiert nicht. Ich öffnete den Briefkasten und holte einen dieser Umschläge raus, die nicht weiß, sondern farbig sind. Gelb oder rot. Who knows! Ich machte ihn auf. Langsam und gewissenhaft. Dann las ich, was auf dem Papier geschrieben stand: »... versetzungsgefährdet ...« Das war ich. Das erste Mal in meinem Leben »versetzungsgefährdet«.

Von der ersten bis zur sechsten Klasse war eigentlich alles prima gelaufen. Eine Einserschülerin mit wenigen Zweien. Immer gut in jedem Fach und besonders gut in den meisten. Ab der siebten Klasse allerdings war das Stück Schule für mich eigentlich erledigt. Die siebte, achte und sogar neunte schaffte ich es noch gerade so, nur eine Fünf auf dem Zeugnis zu haben, wenn auch der Rest aus Vieren oder Dreien bestand, aber mit dieser brillanten Glückssträhne war es ab der zehnten Klasse endgültig vorbei. Ich glaube, ich zerriss den Brief und schmiss ihn in eine Mülltonne an der Bushaltestelle vor der Tür.

Vielleicht versteckte ich ihn auch. Völlig egal eigentlich. Woran ich mich aber definitiv erinnere, ist, dass ich am selben Abend mit einem Freund in den Neunzigerjahre-Klub Icon ging und mich wegballerte. Weil jetzt sowieso alles egal war.

Eine Fünf in Französisch, eine in Mathe, eine in Chemie. So ging das von nun an. Und nur weil mein damaliger Schuldirektor irgendwelche Sympathien für mich hatte, wurde ich halb legal, halb illegal von Schuljahr zu Schuljahr geschoben, indem ich in den Sommerferien irgendwelche albernen Nachprüfungen machte, die aus der Fünf dann eine Vier oder so zauberten. Das funktionierte allerdings nur bis zur zwölften Klasse. Danach war dann Ende Gelände und ich musste wirklich wiederholen.

Während dieser Zeit lebte ich schon in meiner eigenen Wohnung. Die hatte ich mir selbst besorgt. Genauso wie den Job in einer Bar, in der ich zweimal die Woche kellnerte, um mir meinen Lebensunterhalt zu sichern. Dafür war ich durch den Prenzlauer Berg gelaufen und hatte alle Restaurants und Bars abgeklappert und nach Arbeit gefragt. So machte man das damals in den Neunzigern. Ich war 17 Jahre alt und stand quasi auf eigenen Beinen. Ich bekam lediglich Kindergeld und den Unterhalt von meinem Vater, den vorher meine Mutter bekommen hatte. Schließlich ging ich noch zur Schule. Nachts in einer Bar arbeiten und morgens in der Schule sitzen funktionierte maximal nicht. Ich hatte beim zweiten Anlauf meines Abiturs zwar aufgehört zu kiffen, aber die Nachtarbeit forderte ihren Tribut. Mein Abitur schloss ich mit dem einmaligen Loser-Durchschnitt von 3,3 ab. Damit konnte man

2001 nicht nur nicht studieren, sondern auch eigentlich nichts anderes tun. 3,3 ist der soziale Untergang. Jemand mit einem solchen Abi-Ergebnis kann nichts, weiß nichts und ist auch sonst nicht fähig, zukünftig irgendeinen nachhaltigen Beitrag für die Gesellschaft zu leisten. Dabei hatte ich eigentlich Philosophie und Geschichte studieren wollen, aber das war mir nun nicht mehr möglich.

Als ich mit unglaublichen 20 Jahren mein schlechtes Abitur in den Händen hielt, hatte ich keine Ahnung davon, ob ich überhaupt Talente oder Fähigkeiten besitze. Ich wusste, ich konnte super träumen und war eine top Kellnerin. Sehr bitchy und frech, aber dafür extrem organisiert, strukturiert und schnell. Das heißt, die Leute hassten mich wegen meiner Attitüde, hatten ihre Getränke aber sofort auf dem Tisch, wofür sie mich gleichzeitig wieder liebten. Gefühlschaos pur.

Ich hing der Fantasie nach, Schriftstellerin und Journalistin zu werden. Allerdings wusste ich weder, ob ich schreiben kann, noch, wie man schreibt. Deswegen wäre ich auch niemals an einer schnieken Journalistenschule angenommen worden, hätte ich mich beworben. Aber wen hätte ich dafür verantwortlich machen sollen? Auf wen schimpfen? Auf meine Lehrer, die meine Talente nicht förderten? Auf das kaputte Schulsystem, das Leute wie mich komplett durchrasseln lässt? Oder auf meine Eltern, die zu jung waren, um mir irgendwelche grundlegenden Dinge fürs Leben mit auf den Weg zu geben? Ganz ehrlich? Ich weiß es nicht.

Zwei Jahre nach meinem Abitur begann ich mein Kommunikationsmanagement-Studium. An einer mittelklassigen Fachhochschule. Dort lernte ich PR, Marketing und Strategie. Parallel dazu hatte ich den Absprung aus der Gastronomie geschafft und fing als studentische Aushilfe in der Agentur eines Freundes an. Diesen Job hatte mir keiner besorgt. Nicht meine Familie. Nicht der Staat. Sondern ich selbst. Ob das Spaß machte, nach Arbeit zu fragen oder um einen Job zu kämpfen? Nein, aber es konfrontierte mich mit ungeschönten Tatsachen. Nämlich, dass das Leben nicht fair ist – niemals und für niemanden – und dass es ein Kampf bis zum letzten Atemzug sein würde.

Während des gesamten Studiums arbeitete ich. Erst in der Agentur, dann ergatterte ich während meines Praktikumssemesters einen Vollzeitjob in einer Produktionsfirma in München und danach arbeitete ich weiter in der Agentur. Über Jahre tingelte ich ein bisschen zwischen Festanstellung und freier Beratungsarbeit hin und her. Bis zur großen Finanzkrise 2008/2009. Bis es keine Jobs mehr gab und mich eine große Operation dermaßen lahmlegte, dass ich über Monate hinweg nicht mehr arbeiten konnte und deshalb schließlich Hartz IV beantragen musste. Mein persönlicher Tiefpunkt im Life. Nicht wegen Hartz IV, sondern weil ich wirklich am Ende war. Ja, körperlich, aber vor allem mental. Ich war 28 Jahre alt und nicht dort, wo ich eigentlich hatte sein wollen. Und dass ich das überhaupt spüren konnte, war dem Umstand geschuldet, ans Bett gefesselt zu sein. Meine Tage verschwendete ich nun mit meinen Gefühlen und Gedanken zu meinem gescheiterten Leben und nicht mehr von morgens bis abends mit Hustlen. Zu diesem Zeitpunkt dachte ich wirklich, dass es das war. Dass ich es maximal noch zu einer Stelle an der Supermarktkasse bringen würde, wogegen generell nichts einzuwenden ist, nur für mich war das nicht erstrebenswert gewesen. Ich konnte kein Licht am Ende des Tunnels mehr sehen, nur mich im REWE-Outfit. Dieser Moment der totalen Talfahrt war auch der Moment, an dem ich begriff, dass ich nichts mehr zu verlieren hatte, weil da nichts mehr war in meinem Leben. Ich hatte eine süße, aber wirklich heruntergekommene Wohnung mit Linoleumfußboden und einem hässlich gefliesten Badezimmer ohne Wanne. Das kann man jetzt als Jammern auf hohem Niveau bezeichnen, aber ich war mit einer Dusche in der Speisekammer und einer Ofenheizung aufgewachsen und wollte dementsprechend niemals wieder frieren, sondern im neun Monate andauernden Berliner Stalingrad-Winter in einer warmen Wanne liegen. Ganz einfach: Ich wollte ein anderes Leben für mich.

Aber nicht nur die materiellen Umstände waren für mich als Endzwanzigerin kaum noch zu ertragen, viel mehr machte mich die intellektuelle Wüste in meinem Alltag fix und fertig. Also erinnerte ich mich zurück. Ich sah dieses süße Mädchen mit ihren bis zur Unkenntlichkeit weggezupften Augenbrauen, Buffalo-Plateauschuhen kiffend auf einer Decke sitzen, wie sie Kants Aufsatz *Beantwortung der Frage: Was ist Aufklärung?* las. Ich erinnerte mich, dass ich eigentlich Philosophie und Geschichte hatte studieren wollen, um anschließend Schriftstellerin zu werden. Zehn Jahre waren seitdem vergangen. Was war passiert?

Eine Menge und nichts. Eine Menge Zeitverschwendung. Eine Menge Suchen nach Antworten auf die Frage, was Leben eigentlich bedeutet. Eine Menge Bullshit. Eine Menge Geld verdienen, Geld verdienen, Geld verdienen. Eine Menge, oh mein Gott, ich bin drei falsche Entscheidungen von meiner eigenen Obdachlosigkeit entfernt. Aber als ich dort im Bett lag, hatte ich alles verloren und konnte nun endlich neu anfangen und das tat ich. Ein Jahr später schrieb ich mich für den Studiengang Philosophie mit Nebenfach Geschichte ein, bewarb mich als studentische Aushilfe auf verschiedene ausgeschriebene Stellen und wagte langsam den Weg in ein völlig anderes Leben. Mein neues Leben. Mein von mir selbst gestaltetes Leben. Ein Leben, das sich nicht dem Überleben verschrieben hatte, nicht dem Erfüllen von dem, was man möglicherweise von mir erwartete. Ein Leben, das ich auf mich zurechtgeschnitten hatte.

Das war 2010. Ich war 29 Jahre alt und schrieb in dieser Zeit meine ersten Kurzgeschichten und veröffentlichte sie in einem Online-Magazin. Ich schrieb meine ersten philosophischen Essays und Hausarbeiten und stieß plötzlich auf Anerkennung. Bis zu diesem Zeitpunkt, bis zum Jahr 2010, hatte ich keine Ahnung, ob ich schreiben kann oder jemals mein Studium der Philosophie abschließen würde. Meine akademische Erfahrung lag bei null. Meine schulische war traumatisch. Ich ging jeden Tag voller Angst in das monumentale Gebäude der Humboldt-Universität und glaubte nicht daran, dort sein zu dürfen. Als Arbeiterkind. Als Person mit einem Abiturdurchschnitt von 3,3. Als jemand, der noch wenige Monate zuvor auf Hartz IV weinend in einem Bett gelegen hatte. Ehrfürchtig und unsicher – so fühlte ich mich. Das änderte sich nur Stück für Stück. Mit jeder Eins, die ich plötzlich für meine Essays erhielt, mit jedem publizierten Artikel, mit jedem Lob von Dozenten, mit jeder Begründung der Professoren, warum ich in ein Kolloquium des Masterstudiengangs eingeladen werden müsste. Ich begriff, dass ich eines wirklich konnte: denken und schreiben. Originäre Thesen zu entwickeln und diese auch präzise zu beweisen, fiel mir leicht. Aus diesem Nichts, für das ich mich weite Strecken meines Lebens gehalten hatte, wurde ein Etwas. Ich wurde Mirna Funk. Durch harte Arbeit, durch die Konfrontation mit dem Unbekannten, durch das Aushalten von Widerständen.

Ich ignorierte jeden, der mich fragte, was denn danach kommen solle, nach dem Philosophiestudium, das die meisten mit Naserümpfen kommentierten. Auf diese Frage hatte ich keine Antwort. Auch, weil ich vor allem genoss, dass es mir endlich gut ging in meinem Leben, dass ich das tat, was mir Spaß machte, einsam und allein tage-, ja wochenlang unter einem Haufen Büchern begraben, Theorien nachgehen und daraus neue Theorien entwickeln.

2011 setzte ich mich an meinen ersten Roman, schrieb ihn in den Semesterferien, beendete ihn und fand ihn grauenhaft. Mehr und mehr arbeitete ich als freie Autorin, aber mein Geld verdiente ich zu dieser Zeit als fest angestellte Redakteurin mit einer Halbtagsstelle parallel zu meinem Studium. Ich arbeitete drei Tage die Woche und studierte zwei und mein ganzes Wochenende. Keine Freizeit, das ist, was ich über diese Zeit sagen kann. Und diese Zeit dauerte bis 2014. So lange, bis ich wegen einer Titelgeschichte im Februar 2014, die auf dem Cover der Wochenzeitung *Der Freitag* landete, meinen ersten Shitstorm erlebte und es trotz einer Art Schockstarre, in der ich mich befand, schaffte, in einen Flieger nach Bangkok zu steigen, und dort völlig ungeplant meinen ersten richtigen Roman schrieb. *Winternähe*. Eigentlich als Kurzgeschichte gedacht, die mir auf dieser einsamen Insel, auf der ich mich befand, ein bisschen den Schmerz über die gemeinen Kommentare nehmen sollte. Aber diese Kurzgeschichte endete eben nicht. Sondern sie wurde mit jedem Tag komplexer. Mehr Protagonisten entstanden. Mehr Kapitel. Mehr Geschichte eben. Und obwohl ich an mich als Schriftstellerin nicht mehr glaubte, obwohl ich mir nach dem ersten Schrottroman, den ich geschrieben hatte, schwor, dass es das war mit meinen literarischen Ambitionen, konnte ich nicht anders als weitermachen. Weiterschreiben. Am Tag meines Rückflugs hatte ich 80 Seiten. 80 schlechte Seiten, wie ich dachte. Aber das war egal. Diese Geschichte musste geschrieben werden, so glaubte ich, egal, ob sie jemals jemand lesen würde.

Karriere ist nichts anderes als weiterzumachen, obwohl man sich sicher ist, man hätte das Ende seiner Fähigkeiten erreicht. Und irgendwann wird aus dieser Art des Weitermachens die eigentliche Karriere, und man begreift plötzlich, dass das Ende nicht kommt, solange man nicht aufgibt.

Ich schrieb ohne Verlag, ohne Agentur, ohne Auftrag. Erst im Mai 2014 wurde ich, nachdem ich 100 Seiten des Buches eingeschickt hatte, in einer Literaturagentur aufgenommen. Die Agentin riet mir, bis September 2014 so viel zu schreiben, wie es mir möglich war, um dann das Manuskript an Verlage zu schicken. Und das tat ich. Ich schrieb parallel zum Roman meine Bachelorarbeit in Philosophie, gab sie im Juli ab und stieg im Anschluss in einen Flieger nach Tel Aviv. Ein Tel Aviv, das sich im Kriegszustand befand. Während Raketen auf mich niederprasselten und mich der Bombenalarm jede Nacht um 4.30 Uhr aus dem Bett holte, arbeitete ich an diesem Text. Voller Unsicherheit. Ohne einen Funken Hoffnung, dass ich ihn verkaufen werden würde. Aber ich tat es trotzdem. Ich stand jeden Morgen um 7 Uhr auf und schrieb bis nachts um 23 Uhr. Manchmal lag ich auch nur im Bett, depressiv und verloren, manchmal fuhr ich zu Recherchezwecken an extrem gefährliche Orte in Israel, und manchmal erlaubte ich mir, abends in eine Bar zu gehen und einen Riesling zu bestellen. Aber eigentlich, eigentlich schrieb ich drei Monate durch. Als ich dann Anfang Oktober wirklich meinen ersten Roman verkaufte, konnte ich nicht glauben, was geschah. Ich konnte auch nicht glauben, was danach passierte. Wie sich plötzlich mein Alltag veränderte. Wie alle Fäden zusammenliefen. Ja, wie ich es binnen fünf Jahren geschafft hatte, mein Leben um 180 Grad zu wenden und endlich die wurde, die ich im tiefsten Inneren immer war, aber der ich über einen sehr langen Zeitraum nicht erlaubt hatte zu existieren.

Trotzdem war das Leben nicht easy peasy nach dieser Buchveröffentlichung. Trotzdem konnte ich immer noch nicht ohne festen Job leben, also nahm ich – schwanger im siebten Monat – eine feste Stelle als Leiterin der Kommunikationsabteilung in einem Unternehmen an, um meinen Lebensunterhalt neben meinem Dasein als Autorin zu bestreiten. So ging das nun über Jahre. Festanstellung plus freie Arbeit. Und dann im Jahr 2018 sogar Vollzeitfestanstellung plus freie Arbeit. Ich bekam das Angebot, als Führungsposition im D-Level einzusteigen, mit einem damals zweijährigen Kind, und schon beim Bewerbungsgespräch mit meinem zukünftigen Boss erklärte ich direkt und ohne Umschweife, dass ich um 9.00 Uhr beginnen würde, weil ich um 8.30 Uhr meine Tochter zur Kita fuhr, und um 16.30 Schluss machen würde, weil ich um 17 Uhr meine Tochter wieder abholen musste. Ich ergänzte, dass ebendieses Kind, mein Kind, irgendwann »deine« Rente bezahlen würde und dass man das bei der Entscheidung vielleicht mitbedenken solle. In diesem Moment tat ich etwas, das in meiner Vorstellung mehr Wert hat als jeder pseudofeministische Tweet, als jede Instagram-Bio, in der »Eat all Rich« steht: Ich veränderte aktiv und langfristig – nämlich durch die Bedingungen, die ich stellte – die Bedingungen für alle Frauen im Unternehmen. Selbstverständlich hätte ich auch mit verschränkten Armen und mauligem Gesicht vor meinem damaligen Boss sitzen können, als er die Arbeitszeiten durchgab, und sagen: »Ja gut, dann kann ich den Job nicht machen!« Aber so funktioniert das Leben eben nicht. So sieht im Übrigen für mich auch nicht Solidarität aus und auch nicht der Wille zur Veränderung der Gesellschaft. Dinge, die an jeder Ecke gefordert werden, ohne aber selbst handlungsbereit zu sein. Nein, Meckern und Canceln sind keine effektiven Mittel, langfristig Veränderungen anzustoßen. Und auch wenn viele Frauen mir das jetzt nicht glauben werden, aber dieser Mann bekam leuchtende Augen, als ich ihm eine Ansage machte. So wie im Übrigen sehr viele Männer leuchtende Augen bekommen, wenn eine Frau vor ihnen sitzt und Ansagen macht. Eine Frau, die sich als mächtig und nicht ohnmächtig versteht. Eine Frau, die für das, was sie will, kämpft; die Forderungen stellt und Grenzen setzt.

Diese altbackene Vorstellung, dass das Gros der Männer Frauen in Bückposition liebt, ist so was von Banane, diskriminierend und auch einfach albern. Männer mögen Frauen, die ihre eigene Freiheit nutzen und Bedingungen stellen. Ich weiß, das will niemand hören, und ich weiß auch, dass es sehr wohl Männer gibt, die das anders sehen. Aber warum wird gerade ihnen überhaupt die Deutungshoheit geschenkt? Wer sich von unsicheren Männern in der Arbeitswelt aus der Ruhe bringen lässt, der muss noch mal in die Schule namens Leben. Wirklich.

Ihr seid smart, strong und habt alle mittlerweile bessere Abschlüsse in der Tasche als eure male Peers. Aber solange ihr wie ein Häufchen Elend vor dem Big Boss sitzt und nicht das Game spielt, das ihr alle locker spielen könnt, wird sich nichts verändern. Da könnt ihr gegenderte Tweets rausballern und noch einen Doktor in Kunstgeschichte machen. Die Welt, die Gesellschaft und das Arbeitsleben ändert ihr damit nicht. Ihr ändert sie, indem ihr Forderungen stellt. Indem ihr ein ordentliches Gehalt für euch verhandelt, indem ihr als Mütter Grenzen in Bezug auf eure Arbeitszeiten setzt und dann vor Ort mittelfristig für bessere Bedingungen kämpft.

Mir ist diese verantwortungsverneinende und staatsunterwürfige Kultur einfach fremd. Wenn es keinen Kindergarten in eurer Nähe gibt, der Kinder bis 18 Uhr betreut, dann eröffnet ihn doch einfach und helft damit anderen Müttern, ihren Träumen und Lebenskonzepten nachzugehen, aber hört auf mit: *Hier geht nix, hier ist nix, ich kann nicht.* Das ist passiv und nicht souverän.

Was ich heute über beruflichen Aufstieg sagen kann, ist, dass dieser an nichts weiter gekoppelt ist als an den unbedingten Willen, etwas erschaffen zu wollen. Mithilfe der eigenen Talente und Fähigkeiten, die wir alle haben. Wirklich alle. Jeder kann etwas oder hat etwas, das monetarisierbar ist, wenn man es vorher professionalisiert hat. Diese Vorstellung ist offensichtlich meinem liberalen Denken geschuldet. Und diese Vorstellung kann man ablehnen, man kann aber auch verstehen, dass die Welt so schon immer funktioniert hat, und noch mehr: Dass wir heute nur deshalb Miele-Geschirrspüler, EasyJet und Tesla haben, weil irgendjemand da draußen seine Fähigkeiten und seine Talente in eine monetarisierbare Idee umgewandelt und gleichzeitig einen langfristigen Beitrag für die gesamte Gesellschaft geleistet hat. In extrem vielen Fällen passierte dies aus einer existenziellen Not heraus. Daraus, sich selbst oder seine Familie ernähren zu müssen. Das heißt, Erfindungen und Ideen entstehen oft aus Angst vor Armut, Hunger und Obdachlosigkeit.

Gerade heute werden von allen Seiten Safe Spaces verlangt. Aber Karriere ist kein Safe Space. Wird sie niemals sein. Denn man hat es in der Berufswelt mit Menschen zu tun. Und Menschen handeln immer nur im Rahmen ihrer begrenzten Möglichkeiten, Fähigkeiten und emotionalen Verfassung. Die Vorstellung, der eigene Arbeitsplatz müsse eine Mischung aus rosa Zuckerwatte und dem Paradies sein, ist illusorisch und erinnert mich an das Instagram-Quote von @hardfemmelessons: »Are they creating ›safe spaces‹ or did they grow up in middle class comfort and think every environment should cater to them.«

Selbstverständlich bin ich froh, dass ich nicht – wie noch in den Nullerjahren – bis 21.00 Uhr im Büro sitzen muss, um meinem toxischen Achtzigerjahre-Chef zu beweisen, dass ich eine gute Arbeitnehmerin bin. Trotzdem muss klar sein, dass Löhne, Arbeitszeiten und Verantwortungsbereiche immer ausgehandelt werden müssen und einem nicht im Idealzustand auf einem Silbertablett geliefert werden. Das Leben ist ein *Shuk*, also ein Markt, und das ist eben nicht nur nervig, stressig und gemein, sondern kann auch einfach als Spiel begriffen werden.

Denn um eine eigene Karriere aufzubauen, braucht es nicht nur Willensstärke, Kampfesmut und ein Verständnis dafür, dass ohne die Äußerung von Forderungen nichts von dem erreicht werden wird, was ich erreichen möchte, es braucht den unbedingten Willen zu arbeiten. Hart und viel zu arbeiten. Und dieser Wille muss offensichtlich in Frauen erst einmal ausentwickelt werden. Denn der Erwerbsanteil von Frauen in Vollzeit liegt bei gerade mal 31 Prozent in Deutschland[2]. Das heißt, nur 31 Prozent aller Frauen in Deutschland sind finanziell unabhängig und überhaupt in der Lage, aufgrund ihrer Arbeitszeit in eine höhere Position aufsteigen zu können. Und selbstverständlich muss nicht jede Frau Karriere machen wollen. Aber sie sollte zumindest die Ambitionen haben, nicht ihren Mann um Taschengeld anzubetteln.

Faire Löhne für Frauen werden sich nicht von allein etablieren. Sie entstehen durch aktive Teilhabe an Entscheidungsprozessen. Der Pay Gap, der in Westdeutschland immer noch weitaus höher liegt als in Ostdeutschland[3], wird sich nicht von selbst auflösen, sondern durch unsere Anwesenheit Stück für Stück abgebaut. Die Führungsetagen und Vorstände werden nicht einfach wie durch Zauberhand weiblicher, sondern durch ambitionierte Frauen, die nach oben streben und es sich eben nicht in der Küche im Eigentumsheim gemütlich machen. Karriere seid ihr, macht ihr, schafft ihr. Und keiner wird euch davon abhalten können. Kein Patriarchat, kein System, kein Staat. I promise!

Liebe

Wir spazierten durch die Kleingärten. Zarte Triebe bahnten sich ihren Weg. Trotzdem überall diese furchtbare Trostlosigkeit des deutschen Biedermeiertums. Gartenzwerge, Kieselsteine, Geräteschuppen. Wenige Tage zuvor hatte ich Platons *Symposion* zu Ende gelesen. Es war 1997 und ich 16 Jahre alt. Das hatten wir uns vorgenommen. Er und ich. Den Text zu lesen, um beim Spaziergang durch die Berliner Kälte darüber diskutieren zu können. Insbesondere über die für unsere Gesellschaft und ihre Deutung von Liebe unerlässlich wichtige Geschichte des sogenannten Kugelwesens. Kurz erklärt: Menschen hatten einmal, so die griechische Mythologie, eine andere Gestalt. Sie waren rund. Hatten demnach kugelförmige Rümpfe, vier Hände, vier Füße und zwei Gesichter mit je zwei Ohren auf einem Kopf, den ein kreisrunder Hals trug. Die Gesichter blickten in entgegengesetzte Richtungen. Mit den acht Gliedmaßen konnten sie sich sehr schnell fortbewegen. Es gab drei Geschlechter. Manche Kugelwesen waren nur männlich, andere nur weiblich und die dritten waren androgyn, hatten also eine männliche und eine weibliche Hälfte. Sie waren extrem stark und übermütig, wollten den Göttern Konkurrenz machen und sie angreifen. Da entschied Zeus, die Kugelmenschen zu schwächen, und trennte sie in der Mitte. So entstanden zwei Hälften. Nämlich die zweibeinigen Menschen, wie wir sie heute kennen. Fortan waren sie dazu verdammt, für immer ihre andere Hälfte zu suchen. Denn nur in der Einheit fühlten sie sich wirklich wohl. Weil sie vor Trauer fast umkamen, verlegte Zeus ihre Geschlechtsorgane nach vorne, sodass sie zumindest während des Geschlechtsakts so etwas wie Einheit empfinden konnten, auch wenn die echte Symbiose erst dann erreicht würde, wenn sie ihre verlorene Hälfte träfen.

Diese Vorstellung vom Menschen als unvollständig und auf der Suche nach seinem fehlenden Teil dient bis heute als Basis für das Verständnis von Liebe. Und auch ich fühlte mich von der Geschichte berührt, angesprochen und gesehen. Alles ergab plötzlich Sinn. Die unerträgliche Einsamkeit, das Gefühl des Verlorenseins auf dieser Welt, ja eine klare Intuition dafür, dass etwas nicht stimmte, dass es so doch nicht richtig sein könne: das Menschsein.

Immer wenn wir diese Spaziergänge beendeten, kauften wir an der Tanke, die nicht weit entfernt lag, zwei Tafeln Rittersport-Schokolade, einmal weiß und einmal mit Nüssen, Paper und Tabak. Dann schlenderten wir in seine Wohnung, bauten einen Joint, rauchten ihn gemeinsam und machten danach diese spezielle Art von Sex, die über den Schmerz der eigenen Existenz hinwegtröstet. Wild, lange, dreckig, leidenschaftlich und auch ein bisschen wahnsinnig. Aber war der Sex erst einmal beendet, fühlte sich alles wieder genauso scheiße an wie vorher. Ein nicht enden wollender Kreislauf. Aber das hatte Platon ja auch erklärt. Dass die Erotik dazu diente, das unerträgliche Gefühl des Getrenntseins kurz zu verlieren. Nur damit man sich nach dem Akt erneut auf die Suche nach seiner wirklichen Hälfte machen würde, um den Schmerz langfristig stillen zu können.

Monatelang ging das so. Aus den Trieben wurden Blätter, die Blätter wurden groß, saftig und grün, und aus den großen und saftig-grünen Blättern wurde anschließend braunes Pergament, das auf den Boden fiel. In dieser Zeit hatte ich nie daran geglaubt, in meinem Spaziergang-partner die fehlende Hälfte gefunden zu haben. Ja, ich glaubte an Platons Geschichte. Sehr sogar. Aber dieser Rittersport-Schokoladen-Joint-Dude war es ganz sicher nicht.

Alle paar Wochen fragte er mich, ob ich denn nicht langsam mal verliebt sei, und ich antwortete irritiert: »Nein, natürlich nicht. Das ist hier Sex. Mehr nicht.«

Den Ausdruck in seinem Gesicht, der darauf folgte, habe ich bis heute nicht vergessen. So als könne das nicht sein. So als dürfte das nicht sein. Dass ich hier – eine Frau – ihm – dem erwachsenen Mann – nicht völlig verfalle.

War die Vorstellung dieser zwei sich suchenden Hälf-ten nicht vielleicht mehr Männerfantasie als griechische Mythologie? Das war die wirklich interessante Frage. Und die hatte er zumindest durch sein Erstaunen in mir ausgelöst. Die tiefe Enttäuschung, die aus ihm sprach, führte neben allerlei anderen Nachteilen dazu, dass ich irgendwann ging und nie wiederkam. So wie ich es in meinem Leben insgesamt vier Mal getan habe. Zweimal davon liebte ich.

Nach dem Rittersport-Schokoladen-Joint-Dude war ich fünf Jahre lang Single. Fünf Jahre nur mit mir. Fünf Jahre Mirna. Keine Aufmerksamkeit, keine Liebe, kein Gefühl von Vereinigung und Symbiose, auch wenn ich selbstverständlich Sex hatte. Aber eben nur casual. Ohne Intimität. Ich machte etwas, das ein großer Teil der Frauen gar nicht kennt, mein Leben vollkommen nach mir zu richten. Ich erfüllte mir selbst meine Wünsche, Bedürfnisse und Hoffnungen. Und die Zufriedenheit, die damit einherging, kollidierte radikal mit der romantischen Erzählung vom platonischen Kugelwesen. Ich war frei und nicht unglücklich. Ich war frei und nicht einsam. Ich war frei und nicht unzufrieden.

Aber was war die Liebe denn nun? Das wollte ich wissen, trotz meiner fehlenden Sehnsucht danach. Ich las Roland Barthes, Niklas Luhmann und Eva Illouz, versuchte zu begreifen, wie die Liebe, wie wir sie heute verstehen, entstanden war, was sie mit uns machte und wieso der Kapitalismus irgendetwas damit zu tun haben sollte. Ich lernte, dass Disney-Filme angeblich Männer wie auch Frauen manipuliert hatten, und fragte mich, ob das auch bei mir der Fall gewesen sei, bis ich begriff, dass ich bis zum Mauerfall 1989 keinen einzigen Disney-Film gesehen haben konnte und so die große Manipulation möglicherweise an mir vorbeigegangen war.

Um mich herum bildeten sich Paare und trennten sich

wieder. Und immer wenn sie sich bildeten, wurde in den höchsten Tönen voneinander gesprochen, und wenn sie sich trennten, wollte niemand den anderen je gekannt haben. Das war mir suspekt. Wirklich richtig suspekt. Ich schaute mir dieses Spektakel aus einer sicheren Entfernung an. Mit 18, 19, 20, 21 und 22. Mein Gesicht glich in dieser Zeit dem Emoji, das man gemeinhin als Drunk-Emoji bezeichnet, obwohl es eigentlich Cringe-Emoji heißen müsste. Denn ja, alles, was ich sah, war cringe. Fucking cringe. Das Zusammenkommen. Diese Vorstellung, seine andere Hälfte gefunden zu haben. Die Symbiose, die darauf folgte. Der totale Kontrollverlust. Die blinde Liebe eben. Eine Liebe, bei der beide Partner einander vereinnahmten, sodass sie als eigenständige Personen völlig verschwanden und nur noch dem anderen als Spiegelbild dienten. Mich widerte diese Liebe an. Und die mit ihr einhergehende Riesenenttäuschung, die selbstverständlich immer irgendwann über beide hereinbrach und dann ein großes Zittern auslöste. Wie, wo, was? Wie kann das alles sein? Der andere ist doch nicht wie ich, ein ganz anderer Mensch eben. Wir sind gar nicht eins, sondern zwei getrennte Individuen, mit unterschiedlichen Werten, Wünschen und Wiederholungszwängen. Wie unangenehm. Wie widerwärtig. Wie verlogen. Nach der großen *Revelation*, mit der wirklich niemand hätte rechnen können (zwinker, zwinker), folgte eben in den meisten Fällen die Schlammschlacht.

Mit großer Irritation darüber, was Menschen gemeinhin als Liebe verkaufen, lief ich durch die runtergerockten

Berliner Straßen der Neunziger- und Nullerjahre und verstand die Welt um mich herum so gut wie gar nicht. Und die Welt verstand mich auch nicht. Sie verstand nicht, warum ich bei dem Game, auf das sich doch jeder geeinigt hatte, nicht brav mitmachte. Besonders Männer verstanden es nicht. Nämlich, wie ich völlig abgebrüht auf ihre Gefühle starrte und angeblich kaltherzig nichts auf ihre Versprechungen gab. Aber auch Frauen verstanden es nicht. Dass mir so was wie Verliebtsein und Romantik völlig abging. Dass ich mein Leben nicht an der Erfüllung der großen Erzählung ausrichtete, sondern im Gegenteil die Erzählung für den größten Fake aller Zeiten hielt. Wie ich das könne? Wie es mir dabei denn ginge? Ob ich wüsste, dass Männer das nicht wahnsinnig attraktiv finden? Das waren die Reaktionen auf meine objektive und wissenschaftliche Auseinandersetzung mit der Liebe.

Fehl am Platz ist gar kein Ausdruck für das, was ich damals empfand. Ein Alien unter Menschen. Das war ich. Dabei wollte ich doch nichts weiter als um meinetwillen geliebt werden und um ihretwillen lieben. Ohne Projektion. Ohne Vereinnahmung. Ohne Symbiose. Und vor allem ohne das enttäuschte Aufwachen aus dem romantic dream. Nach fünf Jahren Singleleben drückte ich dann beide Augen zu und schaltete meine objektive Wahrnehmung aus, um mich auf einen netten, aber nicht zu meinem Lebensentwurf passenden Mann einzulassen. Fortan wurde ich von ihm mit dem Auto von der Arbeit, meinen Therapiesitzungen oder den obligatorischen Girlsnights abgeholt. Wir fuhren am Samstag zu Kaufland und shoppten Lebensmittel. Machten es uns am Abend vor dem Fernseher gemütlich und zweimal im Monat gingen wir aus. Seine Fantasien des gelebten Beziehungstraums drehten sich ums Zusammenziehen, Heiraten, Kinderkriegen, Arbeiten und Irgendwann-Sterben. Er machte mir sogar einen Antrag. Plötzlich war ich verlobt. In unserem gemeinsamen Wohnzimmer sitzend, fragte ich mich täglich, wie das alles passiert war. Mein eigenes Zimmer hatte ich mir in diesem 130 Quadratmeter großen Gefängnis noch gerade so erkämpfen können. Obwohl die Reaktion der Besucher unserer Wohnung immer gleich aussah: Hä? Was soll das? Wieso hast du ein eigenes Zimmer mit einem eigenen Bett? Seid ihr 80? Was ist mit der Romantik? Viele fanden mich egoistisch. Ich glaube, auch er, aber im Gegensatz zu den anderen konnte er sich zumindest einreden, dass mein Raum irgendwann das Kinderzimmer werden würde. Ich war 24 Jahre alt.

Ich hatte zwar meine Ideale verraten, las aber weiterhin Barthes, Luhmann und Illouz. Diesmal, um zu verstehen, wie ich in diese Situation hineingeraten war und wie ich lebend wieder herauskommen könnte. Denn meine fehlende Hälfte, die hatte ich auch in ihm nicht gefunden. Dem Kaufland-Frühstücksmacher-Dude. Je mehr Monate in diesem gelebten Beziehungstraum vergingen, desto unglücklicher wurde ich. So richtig, richtig unglücklich. So unglücklich wie ich während der Zeit meines selbst gewählten Alleinseins niemals gewesen war. Zu keinem einzigen Zeitpunkt. Und das, obwohl er mir jeden Tag sagte, wie sehr er mich liebte, mir Frühstück ans Bett brachte und kleine Überraschungen aus der Tasche zauberte. Ja, so einer war das. Nach zwei Jahren und einem Jahr Depression war *Ende Gelände* bei mir. *Ciao Kakao*, quasi. Und kein *See you later, alligator*.

Ich ging, ohne eine einzige Träne zu vergießen. Zum zweiten Mal schon. Mit Roland Barthes, Niklas Luhmann und Eva Illouz im Koffer. Die Bücher stellte ich in das Regal meines neuen Apartments, in dem ich endlich Luft zum Atmen hatte und das Gefühl, wieder ganz bei mir sein zu dürfen. Auf meinem Dielenboden kauernd, las ich immer und immer wieder Platons *Symposion*, versuchte zu verstehen, wie ich heute, aber vor allem zukünftig zum Kugelwesen stehen sollte. Fast zehn Jahre waren vergangen, seit ich ihm zum ersten Mal begegnet war. Zehn lange Jahre. Zehn Jahre, nach unzähligen Spaziergängen im kalten Berlin. Den Biedermeier-Kleingärten. Den Kieselsteinen, Gartenzwergen und Geräteschuppen. Dem 130 Quadratmeter großen Beziehungsalbtraum, Samstagabenden vor dem Fernseher und einem Ring an meinem linken Ringfinger. Hinter mir lagen der Rittersport-Schokoladen-Joint-Dude und der Kaufland-Frühstücksmacher-Dude. Vor mir lag immer noch die Beantwortung der Frage, was Liebe denn nun sei. Auch wenn ich einiges über sie gelernt hatte: *Fragmente einer Sprache der Liebe* von Roland Barthes brachte mir 80 unterschiedliche Stichworte näher, die im Leben eines liebenden Subjekts auftauchen. Barthes' Buch war das, wofür man heute Insta-Reels und TikTok hat: eine Ansammlung von

Gefühlen und Zuständen, denen wir als Liebende alle irgendwann mehr oder weniger anheimfallen, ohne erfolgreich artikulieren zu können, was uns dort eigentlich widerfährt. Eva Illouz hatte mir durch *Gefühle in Zeiten des Kapitalismus* den Zusammenhang zwischen Liebe und Marktlogik erklärt und Niklas Luhmann durch *Liebe als Passion* eine historische Einordnung geschaffen, die verdeutlichte, dass Liebe nichts weiter war als eine Idee einer Intimität zwischen zwei Menschen, die sich im Laufe der Jahrhunderte immer wieder gewandelt hatte. Der Begriff war nicht statisch. Es gab keine Wahrheit über die Liebe. Es gab eben Fragmente, die immer wieder auftauchten, mit unterschiedlicher Bedeutung und unterschiedlichem Gewicht; gesellschaftliche Dynamiken, in die die Liebe eingebunden war, und eine jahrtausendealte Historie, die uns dahin geführt hatte, wo wir nun waren. Mit dem Begriff der Liebe, den Erwartungshaltungen und Projektionen auf sie.

Die Liebe einfach nur zu fühlen, war mir bis zu diesem Zeitpunkt noch nicht gelungen. Ich hatte sie eben erst einmal begreifen wollen. Verständlich aus meiner Sicht. Für viele vermutlich irritierend. Erst mit Ende 20 erlebte ich sie dann. Genauso dramatisch, leidenschaftlich und selbstverständlich unmöglich, wie Liebe nun einmal zu sein hat. Ich verlor mich in ihr, gab mich auf, wollte verschmelzen, endlich zum Kugelwesen werden, und landete zwölf Monate später nackt, verwirrt und allein im Rinnsal der kalten, bösen Realität. Auch hier hatte ich die Trennung forciert. Aber diesmal lag ich danach ein

Jahr weinend im Bett. Das tiefe Gefühl, das sie auslöste, war neu für mich; ihre Kraft, unglaubliche Wandlungsprozesse im eigenen Selbst auszulösen, auch. Denn diese Fähigkeit hatte sie. Das begriff ich zum allerersten Mal. Nach meiner ersten großen Liebe mit 28 Jahren wurde ich zu einem anderen, zu einem völlig neuen Menschen. An mir war das Wunder der Liebe passiert und ich stand nun nicht mehr in der Gegend herum und machte das Cringe-Emoji, sondern das mit den weit aufgerissenen Augen. Wie war das möglich? Gab es sie also doch? War nicht alles nur Illusion, Projektion und unkontrollierter Wahnsinn? Schon wieder befand ich mich vor einer intellektuellen Herausforderung. Die emotionale hatte ich gemeistert. Denn irgendwann hörte ich endlich auf zu weinen, begann wieder zu essen und in meinem Leben endlich das zu tun, mit dem ich zehn Jahre später meinen Lebensunterhalt bestreiten würde: Ich begann zu schreiben. Lange Texte. Kurze Texte. Fiktionale und nichtfiktionale Texte. Und zwei Jahre später auch wissenschaftliche. Ich hatte endlich das Studium der Philosophie begonnen und mich auf direktem Weg in Seminare begeben, die irgendwie mit Liebe zu tun hatten oder ihr auf die Spur kommen wollten. Was war sie denn nun, diese fucking Liebe, von der von morgens bis abends gesprochen wird; die in jedem Buch, jedem Film und jedem Song mindestens eine periphere, wenn nicht sogar zentrale Rolle spielt; diese Liebe, für die Menschen sterben, Tausende Kilometer reisen und sich zum kompletten Obst machen? Und vor allem, was war sie fernab von der Idee der Symbiose, der zwei Teile, die sich nur finden und zusammenwachsen müssten, um daraufhin auf alle Zeit glücklich zu sein.

Und ich kam ihr auf die Spur. Ohne Barthes, Luhmann und Illouz. Irgendwann zwischen 2011 und 2014, während meines Philosophiestudiums. In den Texten von Martin Buber, dem jüdischen Religionsphilosophen. Ich begriff sie, wie ich sie nie zuvor begriffen hatte. Ich fand sie in seinem Buch *Ich und Du*, das ich im Verlauf der letzten Jahre immer und immer wieder las und innig studierte. Und auf dessen Titel sogar mein letzter Roman *Zwischen Du und Ich* rekurriert. In *Ich und Du* zeichnet Buber drei Beziehungsformen nach, von denen ich zwei vorstellen möchte: die *Begegnung* und die *Ver-gegnung*. Für Buber findet immer dann Begegnung statt, wenn ein *Ich* auf ein *Du* trifft. Dieses *Du* ist ein subjektivierter Anderer. Das heißt, eine Person, die ich getrennt von mir wahrnehmen kann. Mit der ich spreche, interagiere und in Beziehung trete, ohne sie in Abhängigkeit zu mir zu sehen. Der Andere darf als Anderer existieren und ich schenke ihm meine Liebe für sein Anderssein. In vielen Fällen unseres Zusammenseins glauben wir allerdings nur dann echte Nähe zum Anderen spüren zu können, wenn er uns ähnelt, wenn es Gemeinsamkeiten gibt. Viel zu oft treten wir durch Übereinstimmung in Beziehung und nicht durch Unterschiedlichkeit. Im Buber'schen Sinne trifft dabei ein *Ich* auf ein *Nicht-Ich*. Also einen objektivierten Anderen. Nämlich eine Person, die nur in Abhängigkeit zu mir existiert. Dabei suchen wir uns selbst im Anderen. Wir benutzen den Anderen für unsere Reflexion und negieren dabei seine eigene von uns völlig unabhängige Identität. Diese Form der Beziehung beschreibt Buber als *Ver-gegnung*.

Wie sehr wir einander *ver-gegnen*, wird uns immer dann gewahr, wenn der geliebte Partner Monate nach dem Beziehungsbeginn plötzlich so ganz anders ist, als wir es uns vorgestellt haben. Plötzlich hat er Ecken und Kanten, Macken und Marotten, Angewohnheiten und Eigenschaften, die uns gänzlich neu, ja, sogar fremd sind. Dabei war er selbstverständlich immer der, der er ist. Wir haben nur die Augen vor seiner Identität verschlossen, vor seinem *Du-Sein*, weil wir so versteift darauf waren, endlich unsere fehlende Hälfte gefunden zu haben, die selbstverständlich identisch zu uns sein muss. Dabei ist das niemand. Niemand ist mit dem Anderen identisch. Wir alle sind unterschiedlich. Ja, wir haben vielleicht ähnliche Werte, eine ähnliche Sozialisation oder ähnliche Zukunftswünsche. Aber dennoch ist der Andere ein von mir getrennter Anderer, dem ich die Chance darauf geben muss, er selbst sein zu dürfen. Dieser subjektivierte Andere, das *Du*, mag nerven, anstrengend sein, uns widersprechen und vor allem nicht unsere Gefühle der Einsamkeit nehmen, aber dafür existiert er als reale Gestalt und nicht nur als Idee. Deshalb ist Freiheit auch, dem anderen die Freiheit zum Selbstsein zu lassen. Liebe ist, dem Anderen die Freiheit zum Selbstsein zu lassen. Liebe ist, den Anderen als Anderen zu schätzen, zu respektieren und zu mögen. Völlig zweckfrei. Von mir unabhängig. Eigenständig lebend, denkend, handelnd.

Die Symbiose, diese Fantasie, dass der andere nur das missing piece zu meinem Glücklichsein ist, tötet langfristig immer die Liebe. Denn die Symbiose ist nicht aufrechtzuerhalten. Sie führt immer zur großen Enttäuschung. Nämlich, dass er oder sie nicht so ist wie ich, nicht so denkt, nicht so fühlt, nicht so liebt – einfach so schrecklich anders ist eben. Jemanden für die Unterschiede zu lieben: dafür, dass er Lakritz mag, ich aber Lakritz hasse; dafür, dass er ein Pedant ist, ich aber im Chaos lebe; dafür, dass er lange schläft und ich ein Early Bird bin. Das ist die wirklich große Herausforderung, der wir uns stellen müssen, wenn wir so etwas wie Liebe in unserem Leben wollen. Denn in einer langfristigen, funktionierenden Begegnung wird die Unterschiedlichkeit zelebriert und das Geheimnis des anderen mitgedacht. Die Symbiose hingegen führt zu allen möglichen Formen der aggressiven Abgrenzung aufgrund von Enttäuschungswut. Nämlich die Wut darauf, nicht nur nicht als die Person gesehen zu werden, die man eigentlich wirklich ist, sondern auch nicht für das eigene Selbstsein geliebt zu werden. In dem Fall bumst man verzweifelt den zehn Jahre jüngeren Praktikanten oder fängt eine Affäre mit der Sekretärin an, chattet mit wildfremden Personen im Internet und verschickt Nudes auf Tinder. Das heißt, die fehlende Freiheit des Selbstseins und das Ausbleiben der Liebe, die mich meint, führt letztlich immer zum Ausbruch, zum Freistrampeln, zum Luftholen, zur Abgrenzung, zum Aufschrei nach dem Anderssein. Deswegen muss auch viel früher angesetzt werden, wenn die Liebe gelingen soll. Viel, viel früher.

Nämlich bei dieser albernen Fantasie des Kugelwesens, die mir in diesem kalten Berlin im biedermeierschen Schrebergarten begegnete und mich samt ihren Gartenzwergen, Kieselsteinen und Werkzeugschuppen auf eine fast zwanzigjährige Reise schickte. Diese Fantasie gibt es in uns allen. Und wenn ich an all meine Männer denke, die mir in den Jahren nach meiner großen Buber'schen Erleuchtung begegnet sind, dann haben sie mir diese Fantasie immer wieder um die Ohren gehauen. Bis zum heutigen Tage, bis zu der Sekunde, in der ich diese Zeilen schreibe. Ohne dabei zu verstehen, dass es gerade diese Symbiosefantasie ist, die sie von Trennung zu Trennung und von Scheidung zu Scheidung katapultieren wird, bis sie irgendwann zurückblicken und begreifen, dass Mirna fucking Funk eigentlich recht hatte. Da werde ich dann schon weg sein mit meinem freiheitlichen Begriff der Liebe in der Tasche. Ein Begriff, der uns als unabhängige und abgegrenzte Menschen denken, handeln und lieben lässt. Und der durch die daraus resultierende Form der Begegnung endlich schaffen wird, was sich alle so sehr wünschen, das Gefühl der existenziellen Einsamkeit zu überwinden, zu verlieren und für immer loszuwerden, weil wir nur so, nur durch eine echte Ich-Du-Beziehung überhaupt gesehen und geliebt werden. Für die, die wir sind, und nicht für die, die wir für den anderen sein sollen.

Diese Herangehensweise, diese Vorstellung von Liebe, die ich von Anfang an tief in mir spürte und die ich mir erst später intellektuell erklären konnte, macht das Finden der Liebe in einer Welt der Liebe als Symbiose nicht leichter, aber ehrlicher. Und das ist okay. Wirklich. Wirklich, total okay für mich. Denn ich bin ja ganz. Vollständig. Ohne eine fehlende Hälfte gehe ich durch die Welt. Trete in Beziehung zu Menschen, die meine Freunde sind oder die nur als flüchtige Bekannte auftauchen. Während dieser Begegnung sehe ich sie immer als von mir getrennte Wesen, mit einer Geschichte, über die ich niemals alles erfahren werde, mit nervigen Wünschen, irren Werten und cuten Wiederholungszwängen. Und ich wünsche mir von euch Frauen, dass ihr euch selbst mehr als autoarke, unabhängige Wesen seht, mit einer eigenen Geschichte, nervigen Wünschen, irren Werten und cuten Wiederholungszwängen. Kein Mann dieser Welt kann euch Zufriedenheit bringen, all eure Wünsche erfüllen und euer Leben derart verwandeln, dass ihr für immer glücklich seid. Kein Mann muss das. Kein Mann braucht das. Kein Mann will das. Nicht im tiefsten Inneren jedenfalls und auch nicht langfristig.

Dieser Move, sich in ein abhängiges, schwaches, handlungsunfähiges kleines Mädchen zu verwandeln, ist infantil. Er zeugt von der Abwehr, ein erwachsener und selbstbestimmter Mensch sein zu wollen. Jemand sein zu wollen, der Eigenverantwortung für die ihm verbleibende Lebenszeit übernimmt. Und natürlich ist Eigenverantwortung anstrengend und nervig und belastend, aber sie ist eben auch befreiend und bestärkend und beflügelnd. Dieser bescheuerte Spruch »Wir sind unseres eigenen Glückes Schmied« ist nicht irgendein gemeines kapitalistisches Mantra, um den bösen Neoliberalismus voranzutreiben, sondern eine fucking Tatsache. Diese gilt vor allem in Beziehung. Und der kann man sich entweder stellen oder eben nicht. Aber keine Frau sollte anschließend aus den Wolken fallen, wenn nach Jahren oder Jahrzehnten Symbiose und Abhängigkeit, dem Abfragen nach Taschengeld, den unerfüllten Karriereambitionen oder dem Haushalts-Workoverload, Schatzi dann doch die Kollegin unterm Schreibtisch fingert. Am Anfang mögen es einige Männer süß finden, ein verhuschtes Hasi oder eine Über-Mum als Partnerin zu haben, aber dauerhaft entsexualisiert sich die Frau damit selbst. Dabei ist die Verwandlung in eines dieser beiden Frauenideale selbstverständlich auch der Versuch, männliche Bedürfnisse zu bestätigen, nämlich, zum einen gebraucht und zum anderen bemuttert zu werden. Diese Projektionen müssen von uns Frauen aber nicht erfüllt werden. Zu keinem Zeitpunkt. Niemand zwingt sie uns auf. Wir können uns gegen sie wehren, indem wir ihre Erfüllung ablehnen. Ganz einfach. Nein, ich mache das nicht. Nein, das ist deine Idee einer Beziehung. Nein, so stelle ich mir Glück nicht vor.

Ich weiß, dass diese Grenzsetzung die Eintrittskarte für ein sehr unbefriedigendes Dating-Game ist, weil natürlich viele Männer mit genau diesen Projektionen an Frauen herantreten. Aber Männer werden sich langfristig nicht ändern, wenn wir weiter einen auf Gendersternchen machen, aber dann doch ihre Socken waschen. Wenn wir die Quote fordern, aber für seine Karriere unsere eigenen Ambitionen vernachlässigen. Wenn wir den Pay Gap bemängeln, aber nach dem großen Brautkleidtag nur noch 20 Stunden die Woche arbeiten. Das, Girls, ist keine Emanzipation. Das ist kein feministisches Handeln in einer Partnerschaft. Und viel, viel wichtiger: Das ist keine Liebe. Das sind infantile Versorgungswünsche. Von beiden Seiten im Übrigen.

Aber weder hat der Partner als Daddy herzuhalten noch die Partnerin als Mum. Wir alle – Männer wie Frauen – sind autonome, selbstwirksame, abgegrenzte und vollständige Menschen, die sich selbstverständlich in jeder Form der Begegnung gleichberechtigt und liebevoll unterstützen sollten.

Sex

Die Luft war warm. Wärmer als im Februar in Berlin. Das Licht der Laternen weich und orangegelb. Auf der Straße: Pflastersteine, Restaurants, die spanisches Essen verkauften, und Touristen, die sich unter die Einheimischen mischten. Urlaub auf Fuerteventura. Ich war 12 oder 13 Jahre alt. So genau erinnere ich mich nicht mehr. Aber woran ich mich erinnere, ist eine Gruppe von Jungs, die an einer Straßenecke stand. Hot waren sie alle und ich wollte nichts weiter, als mit ihnen an dieser Straßenecke abhängen und dann mit allen nach Hause gehen, um Sex zu haben. Noch am selben Abend verfasste ich einen Tagebucheintrag zu dieser Fantasie. Eine Gruppensexfantasie, in der ein Haufen Männer sich um die Befriedigung meiner Lust kümmern würde. Dabei hatte ich zu diesem Zeitpunkt noch nicht einmal Sex gehabt, geschweige denn irgendjemanden geküsst. Ich hatte auch keinen Porno gesehen, schließlich waren das die frühen Neunzigerjahre. Ich hatte mir über Sex kaum Gedanken gemacht, aber an diesem Abend – so würde ich es retrospektiv deuten – meine erste echte sexuelle Fantasie entwickelt.

Es ist wichtig zu verstehen, dass ich mich, wie in meinem Kapitel über Liebe schon beschrieben, immer als souveränes Subjekt begriffen habe, das auf ein anderes souveränes Subjekt treffen möchte, um mit diesem auch über Gemeinsamkeiten, aber vor allem über Unterschiede in Begegnung zu treten. Ich war ein komisches Teenagermädchen. Nerdy und gleichzeitig wild. Mit 15 Jahren ließ ich mir meine Haare blondieren und pink färben und ging am Wochenende ins E-Werk raven, während andere in meinem Alter Mathehausaufgaben machten. Ich las in meiner Freizeit Kant, Platon und Nietzsche und im Sommer 1996 ließ ich mir bei den Hells Angels in Berlin-Moabit mein Zungenpiercing stechen. Ich war kein Teil einer Clique, kam nicht aus einem antiautoritären Familienzusammenhang und ging auf ein spießiges Bürgertum-Gymnasium. Ich sah mich nicht als Objekt. Meine Existenz diente nicht dazu, den Mann zu befriedigen. Ich hatte einen eigenen, sehr klar abgegrenzten und von mir selbst definierten sexuellen Willen. Meine Lust lebte ich aus, wann immer es mir passte. Nur drei Monate nach meiner Entjungferung, die ich mit einem älteren Mann initiierte, fuhr ich mit einer Gruppe Girls für eine Woche nach London. In einem Klub machte ich mir zwei Dudes klar und ging mit ihnen nach Hause. Fertig aus.

Mit diesem Mindset machte ich alle Erfahrungen, die ich machen wollte. Heute stoße ich damit an die Grenzen des deutschen Feminismus. Das liegt vor allem daran, dass es in weiten Teilen wieder modern scheint, Männer als potenzielle Vergewaltiger und Frauen als passive Wesen ohne Lust zu definieren. Männer wollen ficken, Frauen nur ganz große Gefühle und die Aussicht auf ein weißes

Kleid. Die Beine machen sie nur unfreiwillig breit und ausschließlich, um den Mann zu befriedigen. Über eine eigene Sexualität verfügen sie nicht. Wenn sie sexuelle Wünsche haben, dann müssen sie sich den Vorwurf gefallen lassen, nicht weiblich, sondern männlich zu sein und das Patriarchat internalisiert zu haben. I mean what the actual fuck happened hier?

Im Zuge der Me-too-Debatte wurde plötzlich offensichtlich, dass es unter manchen Feministinnen en vogue ist, Sex als Übergriff am weiblichen Körper zu interpretieren. Ein Übergriff, den man höchstens noch in der Ehe über sich ergehen lassen sollte, damit der Haussegen langfristig nicht schief hängt. Ja, okay, na gut, ich mach kurz die Augen zu, dann darfst du einmal kurz rüberrutschen, auch wenn ich eigentlich nicht will. Keine dieser Frauen scheint eine individuelle Sexualität entwickelt zu haben, geschweige denn einen eigenen sexuellen Willen. Gleichzeitig wird diese verquere Sicht auf die Frau und den Mann als Feminismus verkauft. Dabei ist das wirklich nichts weiter als ein mittelalterliches Frauenbild, das das weibliche Geschlecht zur passiv empfangenden Frau ohne sexuelle Wünsche verdammt und dem männlichen Geschlecht eine phallische Aktivität und Wollust zugesteht. Dieses Rollenverständnis wird im Übrigen von den meisten Männern, die ich kenne und als progressiv werte, durchgängig abgelehnt. Ich sage nur mal kurz »Pegging«, um ein bisschen Spaß in den Text zu bringen. Denn auch heterosexuelle Männer genießen mitunter, sich aktiv in eine »passive« Rolle zu begeben und von Frauen anal penetriert zu werden. Das heißt, die binäre Vorstellung von aktivem und passivem Geschlecht ist völlig obsolet.

Immer wieder habe ich mich gefragt, warum ein Großteil der Ostfrauen sexuell befreit und ein Großteil der Westfrauen sexuell verschlossen ist. Und meine Antwort darauf war immer, dass die finanzielle Abhängigkeit der Frauen im Westen zu einer existenziellen Abhängigkeit führte, die nur noch auf sexueller Ebene durch Entzug und Enthaltung aufzubrechen war. Wenn nichts mehr geht, dann geht immer noch das Nichts. Das heißt, wenn ich aufgrund meiner sozialen Bedingungen keinerlei Handlungsspielraum für Aktivität habe, dann bleibt mir als einziges Instrument der Macht nur noch die Passivität. Das Erstarren als Waffe quasi.

Für diese Thesen bin ich in den letzten zehn Jahren meiner publizistischen Laufbahn immer wieder massiv angegriffen worden. Zum Beispiel als ich in meinem Essay *Die Barbiefeministinnen* erläuterte, dass ich #aufschrei nicht verstehe, weil man doch einem glatzköpfigen Hampelmann, der einem auf die Titten starrt, etwas entgegenbringen kann. Ein »Nein«, ein »Du kleiner Idiot«, ein »Jetzt will ich aber auch mal deinen Schwanz begutachten«. Das heißt, wir Frauen sind nicht nur vor dem Gesetz seit Jahrzehnten gleichgestellt, wir haben auch unsere Sprache, unseren Kopf, unsere Kraft und unsere Stärke, auf Abfälliges oder Unnötiges passend zu reagieren. Kein einziges Mal habe ich mich in meinem Leben aufgrund eines Pfeifens, einer Anmache oder einer dummen Äußerung zum Objekt degradiert gefühlt. Das mag vor allem daran liegen, dass ich mich immer als Subjekt begriffen habe. Ein gefühltes Subjekt kann man nicht objektivieren. Man kann es versuchen. Klar! Aber das bedeutet nicht, dass dieser Versuch von Erfolg gekrönt ist.

Wenn ich weiß, dass ich eine 1,60 m große Frau mit grünen Augen und dunklen Haaren bin und irgendein wildfremder Mensch kommt und behauptet, ich sei eine Gurke, dann schüttle ich doch lediglich irritiert den Kopf und negiere als souveränes Subjekt diese Behauptung. Ja, auch wenn es sich um ein kompliziertes Machtverhältnis handelt. Nichts ist wichtiger, als an Ort und Stelle Grenzen zu setzen und diese adäquat zu formulieren. Damit verändert man aktiv die Welt zu einem besseren Ort und man beweist Mut und Widerstandsfähigkeit. Einen Grenzübertritt muss niemand, keine Frau und kein Mann, gestatten.

Ich habe in 25 Jahren Sexleben mit rund 150 Männern geschlafen. Und bei mehr als einer Handvoll habe ich den Geschlechtsakt abgebrochen und sie aus meiner Wohnung geschmissen, weil mir das alles irgendwie ein bisschen zu doof war. Die Performance, die Herangehensweise, das Desinteresse, you name it. Ich habe mich kraft meiner Subjekthaftigkeit klar gegen etwas entschieden. Genau wie ich mich kraft meiner Subjekthaftigkeit für etwas entschieden habe. Auch deshalb sehe ich viele Deutungen von *Consent* auch extrem kritisch. Und damit meine ich natürlich nicht, dass zwei Menschen keinen einvernehmlichen Sex miteinander haben sollten. Das gebietet der gesunde Menschenverstand. Sex ist immer freiwillig. Alles andere ist eine Vergewaltigung. Es geht vielmehr um die gegenwärtige Tendenz, Männern die Verantwortung für den weiblichen Körper zu überschreiben. Das heißt, wenn ich sturzbesoffen entscheide, Sex mit einem Dude zu haben, dann scheint es mir absolut reaktionär und paternalistisch, dass dieser sich neuerdings aktiv gegen meine Entscheidung stellen muss. Nämlich aus Verantwortung für mein Wohlbefinden während des Aktes und am nächsten Tag. Denn der Vorwurf, ein Mann habe meinen »Zustand« ausgenutzt, reicht heute völlig aus, um die Sexualität zwischen zwei Menschen als Übergriff zu werten.

Die Verantwortung für meinen Zustand, sei es der Zustand des Mannes oder der Frau, liegt aber ausschließlich beim Subjekt selbst und kann nicht auf einen anderen übertragen werden. Demnach ist der Satz »Kleine Maus, mein Eindruck ist, dass du schon mindestens drei Tequila zu viel getrunken hast, deswegen werden wir entgegen deinem klar geäußerten Wunsch heute keinen Sex haben« auch nicht progressiv, empathisch und notwendig, sondern antifeministisch. Das ist keine Emanzipation. Das ist ein paternalistischer Übergriff, der über meinen freien Willen hinwegfegt. Und ja, mein freier Wille hat mich nun einmal zehn Tequila trinken lassen und diese zehn Tequila wollen jetzt möglicherweise Sex mit einem Fremden. Und mit ziemlicher Sicherheit wache ich am nächsten Tag mit einem mega krassen Kater und einer möglicherweise weirden sexuellen Erfahrung auf. Aber das ist leider *mein* Problem. Denn wir alle machen sexuelle Erfahrungen, die wir am nächsten Tag bereuen. Aber schlechter Sex ist kein Missbrauch. Schlechter Sex ist schlechter Sex. Den haben Männer wie Frauen. Niemals würde ich deshalb auf die Idee kommen, einem Mann die Verantwortung für meine im Nachhinein bereute Entscheidung zu übertragen.

Auch ich bin in gefährliche Situationen gekommen, keine Frage. Mehr als einmal in meinem Leben. So ist das als Frau. Leider. Immer noch. Und in weiteren Teilen der Welt sogar Alltag. Ich hatte großes Glück, nie vergewaltigt worden zu sein. An einer solchen Situation bin ich mehr als einmal gerade so vorbeigeschliddert. Wir machen beschissene Erfahrungen in unserem Leben. Wir machen auch unangenehme sexuelle Erfahrungen in unserem Leben. Aber das Leben ist nicht frei von falschen Entscheidungen und schiefgegangenen Plänen. In diese Position ist weder eine Vergewaltigung noch ein gewalttätiger Übergriff eingeschlossen. Allerdings gehört zu dieser Position sehr wohl, dass man eben nicht nachts bei einem Dude aufkreuzen kann, wissend darum, dass er eigentlich reinstecken will, und dann zu finden, dass er keinen Move machen dürfe. Sorry, aber ich kann nicht zehn Tequila trinken und glauben, dass ich besoffen dieselben Entscheidungen treffen würde wie nüchtern. Mein Handeln hat Konsequenzen.

Ich kann mich gegen die zehn Tequila entscheiden, aber wenn ich mich für sie entscheide, dann muss mir bewusst sein, dass diese Entscheidung durchaus dazu führen kann, dass ich zwei Stunden später nackt und S-Bahn-surfend durch die City gurke. Klar, kann ich dann, niedlich, wie ich gerne sein möchte, und völlig verantwortungsbefreit dem Tequila, dem Barkeeper und am besten noch dem bösen Kapitalismus die Schuld an meiner Misere geben, aber wahr ist das deshalb noch lange nicht.

Doch wie schon seit Jahrhunderten wird auch heute noch die Frau in Heilige und Hure gespalten. Nur dass diese Spaltung neuerdings als emanzipatorisch und nicht reaktionär gilt. Gegenwärtig ist die Heilige die Frau als Opfer, die sich ständig gegen das aufdringliche Begehren des Mannes schützen muss. Die Hure allerdings ist die Frau als Mann, die wie die Heilige auch keine eigene Sexualität kennt, sondern lediglich patriarchale Denkmuster verinnerlicht hat. Sie objektiviert und benutzt Männer, wie es sonst Männer mit Frauen tun.

Es scheint, als gäbe es gar keine Frauen und damit auch keine weiblichen Eigenschaften. Denn ursprünglich weiblich konnotierte Eigenschaften werden ihnen aus feministischen Gründen abgesprochen, nämlich altruistisch, warm, gebend und frei von Berechnung zu sein. Und männlich konnotierte Eigenschaften, wie egoistisch, kalt, nehmend und berechnend zu sein, besitzen sie nur dann, wenn sie diese durch den Druck des Patriarchats internalisieren mussten.

Ich frage mich ernsthaft, wie es möglich ist, dass keine der laut twitternden Deutschfeministinnen merkt, wie wenig intellektuell schlüssig diese feministische Perspektive ist. Wie kann es sein, dass die Spaltung der Frau in Opfer oder dem-Patriarchat-auf-den-Leim-gegangen nicht nur völlig absurd, sondern darüber hinaus auch noch hochgradig antifeministisch ist? Denn in beiden Fällen wird der Frau ihre eigene Subjekthaftigkeit entzogen. Und zwar diesmal nicht von männlicher, sondern von weiblicher Seite. Allerdings mit der perfiden Behauptung als nices Add-On, dass es sich hier um eine progressiv-feministische Perspektive auf die weibliche Existenz handle.

Selbstverständlich sind mir in all den Jahren frei ausgelebter Sexualität ständig Männer begegnet, die mich und mein Begehren – schlechter, als es in den meisten Rap-Songs geschieht – entwertet haben. Ich wurde als Schlampe, Hoe und Nutte bezeichnet. Und ich musste Männern, die ohne Angst vor Gesichtsverlust mit Hunderten Frauen schliefen, immer wieder deutlich machen, dass zwischen ihrem und meinem Verhalten kein Unterschied gemacht werden kann. Wichtig allerdings ist, dass mich diese Zuweisungen nie wirklich tangiert haben. Denn ein souveränes Subjekt kann nicht objektiviert werden. Wenn mich ein Mann oder eine Frau nun als Schlampe bezeichnet, dann interessiert mich das genauso wenig, wie wenn ein Mann oder eine Frau behauptet, ich sei eine Gurke. Ich weiß doch, dass ich weder das eine noch das andere bin.

Objektivierung funktioniert nur dann, wenn ich die Objektivierung an mir geschehen lasse. Zum Beispiel, weil ich tief im Inneren selbst glaube, Schlampe oder Gurke zu sein, oder weil ich mich freiwillig objektivieren lassen möchte, weil es mich anmacht. Wenn ich also meinem Lover sage, dass ich beim Sex benutzt werden möchte, dass ich meine Subjekthaftigkeit jetzt gerne an den Garderobenhaken hängen möchte, um auf allen vieren durch die Wohnung geschickt zu werden, dann habe ich eine souveräne Entscheidung getroffen und mich aktiv in die Passivität begeben. Das heißt, selbst als kleine devote Bitch im Submissive-Modus bin ich weiterhin autonomes Subjekt.

Aber auch sonst, entgegen allen Vorstellungen, ist die weibliche Sexualität nicht passiv, nur weil der Mann einen Penis hat und die Frau eine Vagina. Ich liege beim Sex nicht bewegungslos auf dem Bett und lasse zu, wie das männliche Biest seine unbegrenzte Triebhaftigkeit an mir auslebt, sondern bin aktiver Teil am sexuellen Akt. Und selbst das, was gemeinhin als degradierend und passiv gewertet wird, ist hochgradig aktiv: der Blowjob nämlich. Ich halte ihn für ein aktiv von der Frau gewähltes Dominanzgebaren. Denn mir wird nicht in meine Mundhöhle penetriert (auch wenn das als Sex-Game existiert), sondern ich blase aktiv einen Schwanz. Ich benutze meine Zunge, meine Hände, meine Spucke, meine Saugkraft. Auch eine Vagina wird nicht passiv penetriert. Sie umschließt den Schwanz, zieht ihn durch ihr Muskelnetzwerk an sich, lässt ihn wieder los, holt dem Schwanz aktiv im Inneren eigentlich einen runter. Oder ich sitze auf dem Mann, reite seinen Schwanz, treffe Entscheidungen zu Geschwindigkeit, Druck, Tiefe. Das alles ist aktive Sexualität, die von mir als Frau durch mein Begehren, meine Lust und meinen freien Willen gesteuert wird. Nichts davon ist internalisiertes Patriarchat.

Denn Aktivität ist Selbstbestimmung. Aber Passivität ist das Verharren in einer Objektposition. Subjekthaftigkeit ist Freiheit. Objektivhaftigkeit ist selbst gewählte Unmündigkeit. Denn wir sind qua unserer Geburt Subjekte. Deswegen haben wir einen frei wählbaren Handlungsspielraum, der sich selbstverständlich im Rahmen von Gesetzen und äußeren Umständen bewegt. Aber es gibt eben auch physikalische Kräfte, die uns einschränken. Diese ändern nichts an unserer Autonomie.

Mit genau diesem Blick auf das weibliche und männliche Geschlecht, diesem Rüstzeug im Gepäck, mit dem wir nicht nur uns, sondern insbesondere unsere Töchter, aber auch Söhne, ausstatten sollten, müssen wir uns in der Welt als sexuelle Subjekte bewegen. Wir müssen uns aktiv fragen, was uns Lust macht, wir müssen aktiv sagen, was wir wollen, und wir müssen uns proaktiv auf den Weg der Erfüllung all unserer Wünsche begeben, auch - oder gerade dann -, wenn diese Wünsche mit Scham behaftet sind. Ich war nicht schamfrei von Anfang an. Auch ich hatte Fantasien, von denen ich glaubte, sie nicht erfüllen zu dürfen, weil sie mich als Frau abwerten würden oder weil sie zu krass waren oder weil sie mich in eine möglicherweise für mich gefährliche Situation bringen würden. Eingangs beschrieb ich meine erste wirklich sexuelle Fantasie. Eine Gruppenfantasie, bestehend aus mehreren Männern, die mich penetrieren sollten. Ich habe in diesen letzten 25 Jahren immer wieder versucht, mir diese Fantasie auf vermeintlich sichere Weise zu erfüllen. Ich hatte Sex mit zwei Männern oder mit zwei Männern und einer weiteren Frau oder indem ich an einem Abend mit verschiedenen Männern an unterschiedlichen Orten schlief. Aber all diese sexuellen Abenteuer waren nichts weiter als die Annäherungen an eine Fantasie, die ich immer hatte ausleben wollen, aber vor dessen Erfüllung ich mich gleichzeitig fürchtete. Aus Scham, Unsicherheit und der Angst vor Gefahr. Immer wenn ich mit Freundinnen über diese Gang-Bang-Fantasie sprach, wurde wissend genickt. »The ultimate shit« hieß es einhellig. Und es dauerte etliche Jahre, bis ich mir diesen »ultimate shit« eben irgendwann selbst erfüllen konnte. Dafür brauchte es das richtige Setting, die richtigen Männer und den richtigen Head Space bei mir selbst. Nichts an dem Ausleben dieser Fantasie, die vermutlich in allen möglichen feministischen Kreisen als das Ultimo des männlichen Male Gaze interpretiert werden würde, war Objektivierung auf hohem Niveau. Im Gegenteil. Von Anfang bis Ende blieb ich Subjekt, weil ich mich als Subjekt verhielt. Ich agierte freiheitlich im Rahmen dieser von mir selbst gewählten Situation. Und wer nicht glauben kann, dass das möglich ist, schaut einfach einen Gang-Bang-Porno mit Sasha Grey. Denn sie ist die fucking Queen der Subjekthaftigkeit.

Das war nur meine Fantasie. Aber es gibt unendlich viele sexuelle Fantasien, die Frauen und Männer und Transpersonen und Non-Binäre haben. Fantasien, von denen wir glauben, dass wir sie nicht ausleben dürfen oder können, weil die Existenz dieser Fantasien uns selbst beunruhigt oder irritiert und erröten lässt. Ob ich nun als heterosexueller Mann von meiner Partnerin mit einem Dildo anal penetriert werden will oder als Frau darauf stehe, wenn mir ins Gesicht gespuckt wird, oder ein Mann einem anderen Mann in den Mund pullern möchte oder ich als Frau gerne von einer anderen Frau vaginal und anal gleichzeitig gefistet werden will – alle Fantasien sind legitim und habe eine Existenzberechtigung. Selbstverständlich, solange sich diese Fantasien auf Subjekte beziehen, die weder Tiere noch Kinder sind, und diese Subjekte sich bewusst und frei für das Ausleben dieser Fantasien entschieden haben, ohne körperlich in Grenzbereiche wie schwere Gewalt oder sogar Tod zu kommen. Wir dürfen und wir können und es gibt keinen Grund, sich für irgendetwas zu schämen. Dazu müssen wir aber lernen zu sprechen. Über unsere individuellen Wünsche und Bedürfnisse. Männer wie Frauen wie Transpersonen wie Non-Binäre. Alle Menschen eben. Ausnahmslos. Immer. Offen und frei. Aber das freie Sprechen über meine Wünsche und Bedürfnisse muss aus mir selbst herauskommen. Es braucht keine Safe Spaces oder mit Plüsch ausstaffierte Sprechräume. Es braucht Mut, Mündigkeit und Mitteilungsbereitschaft. Mehr nicht.

Geld

Meine Handflächen waren schwarz. Selbst auf meiner Nase und auf meinen Wangen lag ein rußiger Film. Mir war schwindelig. Mir war schlecht. Mein Kopf schmerzte. Ein fremder Kopfschmerz, ein dröhnender Kopfschmerz. Einer, den ein Kind normalerweise nicht haben sollte. Das Geld wurde mir bar ausgezahlt. Vielleicht waren es 40 DM, vielleicht auch weniger. Sechs Stunden war ich durch meine Wohnanlage gelaufen und hatte einen kleinen Anhänger hinter mir hergezogen, auf dem Stapel voller Wochenzeitungen lagen. Diese Art von Zeitung, die umsonst ausgeliefert wird, diese Art von Zeitung, für die man sich ins Haus klingeln muss und Beleidigungen ertragen, wenn man sie in die Briefkästen steckt. Ich war 12 oder 13 Jahre alt und hatte zum allerersten Mal in meinem Leben Geld verdient. Als ich nach Hause kam, duschte ich mich, aber die Kopfschmerzen hörten nicht auf. Nachts bekam ich Herzrasen und konnte kaum schlafen und am nächsten Tag rief ich im Büro an und sagte weitere Termine zum Zeitungsaustragen ab. Irgendetwas mit der Druckerschwärze stimmte nicht und irgendetwas daran – das war mein Gefühl – würde langfristig für eine schwere körperliche Beeinträchtigung sorgen. Deswegen hatte ich sofort Konsequenzen gezogen.

Bis zu diesem Zeitpunkt hatte ich noch nichts über Geld gelernt. Ich bekam Taschengeld wie andere Kinder auch und hatte durch Familienstreitigkeit peripher mitbekommen, dass an der Börse zu investieren zu unglaublichen Verlusten führen kann. Mein Vater vermittelte mir, dass man dem deutschen Staat so wenig Steuern in den Rachen werfen sollte wie möglich, schließlich hatte ebendieser Staat seiner und damit meiner jüdischen Familie keine 60 Jahre zuvor alles genommen, was ihnen gehörte. Investieren war böse. Steuern zahlen auch. Das eigene Geld verdiente man möglichst in einer Festanstellung, die nicht besonders glücklich machte, aber Sicherheit gab. Niemand hatte sich in meiner Kindheit oder Jugend jemals mit mir hingesetzt und mir erklärt, wie man eine Steuererklärung einreicht, wie man Geld gewissenhaft anlegt, wie man mit Geld haushaltet oder es sogar vermehrt. Kurz nach meinem 17. Geburtstag zog ich, wie schon im Karriere-Kapitel erwähnt, aus und jobbte als Kellnerin, um über die Runden zu kommen.

Von da an lebte ich von der Hand in den Mund. Ich hatte immer genug zum Leben, aber am Monatsende blieb nichts übrig. Kein Geld für eine private Rentenversicherung, für einen Bausparvertrag, für einen Fonds. Gar nichts. Nada. Niente. Nothing.

Selbstverständlich könnte ich heute vor meinen Eltern stehen und fragen, was sie sich dabei eigentlich gedacht haben, einem jungen Menschen nichts über Geld beizubringen und so nicht auf das Leben vorzubereiten. Aber meine Eltern waren selbst jung. Klitzeklein waren sie, als ich auszog. Fünf Jahre jünger, als ich heute bin. 35 nämlich. Das ist eine Erklärung, keine Entschuldigung. Denn ich hatte nicht nur keine Ahnung von den absoluten Basics, wie der Steuererklärung, dem Geldsparen, dem Geldhaushalten, dem Investieren, der Altersvorsorge, der allgemeinen finanziellen Absicherung, ich hatte auch keine Ahnung, wie man eine Bewerbung schreibt, wie man sein Gehalt verhandelt oder wie man sich in Businesszusammenhängen verhält. Und so stolperte ich blind wie ein Maulwurf durchs Leben. Machte Schulden, machte Geld, verlor Geld, machte wieder Schulden, zahlte keine Steuern, ließ mich mit schlechten Honoraren und Gehältern abspeisen.

Ich erinnere mich sehr gut an die Verhandlung für meine erste richtige Festanstellung. Das war im Herbst 2005. Ein Job in München. Mitarbeiterin einer Casting-abteilung sollte ich werden. Ich verlangte 1100 Euro, woraufhin mich mein Chef völlig verwirrt anschaute. Entweder ist sie zu dämlich oder zu reich, wird er sich damals gedacht haben. Wenige Tage später flatterte der Vertrag in meinen Briefkasten. 1100 Euro brutto stand dort und ich musste meinen damaligen Partner fragen, was das eigentlich bedeutete. 24 Jahre musste ich werden, bis ich den Unterschied zwischen brutto und netto kennenlernte, um mich anschließend in eines der peinlichsten Telefongespräche meines Lebens begeben zu dürfen. Ich verhandelte die Summe auf unglaubliche 1500 Euro brutto hoch, ging missmutig nach München, ackerte wie ein Tier und wurde nach nur drei Monaten zur Chefin der Castingabteilung befördert. Boom! 1900 brutto wurden mir daraufhin angeboten. Natürlich ein totaler Joke. Locker hätte ich das Doppelte verlangen können. 3800 Euro nämlich. Denn selbst 2005 war so ein Gehalt in München Standard.

Aber woher hätte ich das wissen sollen? Ich kam aus Ostberlin. Ich war mit 17 Jahren ausgezogen, ohne irgendwelche Finance-Skillz. Ohne irgendwelche Überlebensskillz. Ohne Gehaltsverhandel-Skillz. Wer hatte dieses Unglück zu verantworten? Ganz ehrlich? Alle und keiner! Denn ich war nicht vier, sondern 24 Jahre alt, und auch wenn es so was wie *Madame Moneypenny* und die *Finanzielle* damals noch nicht gab, hätte ich mich in irgendeiner Form selbst weiterbilden können. Ich hätte mich mit dem Thema Geld aktiv beschäftigen müssen, gerade weil da niemand war, der mir dieses Thema jemals aktiv beigebracht hatte. Aber weil ich das eben nicht tat, lief mein Leben jahrelang so weiter: Ich arbeitete Vollzeit für schlechte Gehälter, weil ich froh war, überhaupt einen Job zu haben, und ich arbeitete frei für Tagessätze, für die ich heute nicht einmal mehr einen 2500-Zeichen-Artikel schreiben würde. Und weil das Geld nie reichte und ich Deutschland sowieso zutiefst hasste, entschied ich, das Geld, das ich als Selbstständige verdiente, einfach nicht zu versteuern. Clever, oder?

Über Jahre hinweg hangelte ich mich also von Festanstellung zu freier Mitarbeit und von freier Mitarbeit wieder zu Festanstellung. Ein Lebenslauf, krasser als der Takabisha-Roller Coaster in Fuji-Q Highland, Japan, eine der gefährlichsten Achterbahnen der Welt.

Ich war über 30 Jahre alt und hatte immer noch keine private Rentenversicherung, keinen Bausparvertrag, keinen Fonds. Gar nichts. Nada. Niente. Nothing. Dann kam das Jahr 2013. Ein finanziell gutes Jahr in meinem Life. Ganz besonders, weil ich nach wie vor keine Steuern zahlte und sich das durch meine höheren Einkünfte nun auch richtig lohnte. Ganz besonders, weil ich außerdem 19 Prozent Mehrwertsteuer berechnete, ohne diese abzuführen. Ein top Jahr. Ein Bombenjahr. Das erste Mal in meinem Leben hatte ich 15000 Euro auf meinem Konto und parallel dazu alle meine monatlichen Unkosten gedeckt. Theoretisch genau der richtige Moment, sich über Steuern Gedanken zu machen oder ein finanzielles Polster auf dem Tagesgeldkonto einzurichten, falls man den Job verliert oder, ähm, Steuern zahlen muss. Ich allerdings, risky und lebensmüde wie aus dem Bilderbuch, entschied, diese 15000 Euro zu investieren. In mich selbst. Ich hatte im März 2014 meinen Roman *Winternähe* begonnen zu schreiben, und ich wusste im Mai 2014, dass ich bis September so viele Seiten wie möglich produzieren musste. Also stieg ich, während alle Tel Aviver wegen Geldnot nach Billo-Berlin strömten, im Juli in den ELAL-Flieger und bezog meine Wohnung in der israelischen Hipster-Stadt. Mit Meerblick zwar, aber dafür auch mit einer Kakerlakenfamilie im Wohnzimmer. Diese Wohnung kostete mich 2000 Euro im Monat. Das Leben noch mal 1500 Euro. Das hieß, dass ich im November 2014 komplett pleite sein würde.

Aber pleite kannte ich. Pleite war schließlich die Werkeinstellung meines Lebens. Vor pleite hatte ich spätestens seit dem Crash 2008 keine Angst mehr. Ich wusste, was es hieß, auf Hartz IV zu sein. Ich wusste, wie sich das Leben anfühlt, wenn man nichts mehr hat. Wie beschissen es einem dabei geht. Aber ich wusste auch, dass es wieder aufwärts gehen würde. Denn wenn mich dieses Takabisha-Leben irgendetwas gelehrt hatte, dann Resilienz, Humor und den Fokus auf meine Fähigkeiten statt auf meine Defizite zu legen.

Ausnahmslos alle – Steuerberater, Banker, Eltern, Freunde, Gott – hätten mir im März 2014 davon abgeraten, meine popeligen 15 000 Euro in ein völlig absurdes Unterfangen wie das Schreiben eines Romans zu investieren. Ich hatte einen Bachelor in Philosophie (hahahaha!), keinen Job (hahahaha!) und war 33 fucking Jahre alt. Ich hatte keinen unterschriebenen Buchvertrag. Keine Aussicht darauf, diesen Text jemals zu verkaufen. Ich hatte nichts, nur die fixe Idee, Schriftstellerin zu werden, und ging das irre Risiko ein, Geld auszugeben, das gar nicht mir gehörte, sondern dem scheiß Finanzamt.

Doch dann kam der Oktober 2014, in dem ich wider Erwarten aller objektiven Prognosen meinen Roman *Winternähe* für sehr viel Geld verkaufte. Ich saß auf meinem abgeranzten Ikea-Malm-Bett, mit dem Telefon in der Hand, und glaubte nie wieder arbeiten zu müssen, als meine Agentin das Angebot durchgab. So viel Geld war das für mich. Für eine Person, die zwanzig Jahre ihres Lebens über weite Strecken nie mehr als den Mindestlohn verdient hatte. Es war eine Summe, zu der ich nicht schaffte einen gesunden Bezug aufzubauen und von der nach einem Jahr nichts mehr übrig geblieben war. Endlich satt essen. Endlich kaufen, was ich wollte. Endlich nicht mehr jeden Pfennig umdrehen. Endlich glücklich und gedankenlos konsumieren. Endlich gut leben. Endlich schön anziehen. Endlich mal ein Möbelstück kaufen. Auf jeden Fall keine Steuern bezahlen. Und bloß nicht solchen Blödsinn machen wie, sich eine private Rentenversicherung, einen Bausparvertrag oder einen Fonds zuzulegen. Besser wäre, sich zwei Wohnungen anzuschaffen, in zwei Städten parallel zu leben, ungewollt schwanger zu werden und völlig plemplem zu glauben, dass es für immer so weitergehen würde.

Fast zehn Jahre ist das her. Und erst als ich mit meiner sechs Monate alten Tochter weinend vor meinem Steuerberater saß und er wissend, aber wertfrei fragte: »Und wie viele Jahre hast du keine Steuern gezahlt?«, veränderte sich schlagartig mein Leben und auch meine Beziehung zu Geld. Denn nach meiner Antwort entglitt ihm nicht nur seine Mimik, sondern ich war auch von einer Sekunde auf die nächste so hoch verschuldet wie in meinem ganzen Leben niemals zuvor. Frische Mutter, frisch getrennt, frisch verschuldet. Das war mein Jahr 2016. Ich nahm einen extrem hohen Kredit bei meiner Bank auf und stotterte diesen monatlich ab. Endlich war ich das, was ich immer hatte sein wollen, Schriftstellerin eben, aber von dem Feeling, das nur anderthalb Jahre zurücklag, war nichts übrig geblieben.

Jetzt stellte ich mir die großen Fragen des Lebens: War es ein Fehler, so gewissenlos und lebensmüde mit Geld umgegangen zu sein? Hätte ich, statt das Geld in das Schreiben meines Romans zu investieren, nicht lieber alles ordnungsgemäß ans Finanzamt abführen sollen? Wäre mir damit aber nicht die Chance entgangen, den Roman überhaupt zu schreiben?

Es gibt Entscheidungen im Leben, deren Umsetzung so viel Freiheit fordert, dass sie einen an die Grenzen der Illegalität führen. Und ich glaube, das ist in Ordnung. Ich habe nie das Risiko gescheut. In allen möglichen Lebenslagen nicht. Ich habe mich immer für die Freiheit meiner Möglichkeiten und sogar für das Überschreiten der Grenzen meiner Möglichkeiten entschieden. Nie hatte ich Angst davor. Immer traf ich diese Entscheidungen intuitiv. Kein einziges Mal habe ich mir dabei Gedanken über das Außen gemacht. Nicht darüber, was das Außen mit mir machen oder über mich denken könnte. Und dieses krasse Ignorieren des Außens ist eine Grundvoraussetzung für freiheitliches Handeln im Alltag. Risiken einzugehen, die absolut lebensmüde erscheinen, ist eine weitere Grundvoraussetzung für freiheitliches Handeln im Alltag.

Das soll kein Aufruf dafür sein, Steuern zu hinterziehen oder am Rande der Illegalität zu leben. Aber ich weiß eines ganz sicher: Hätte ich diese 15000 Euro, die ich damals hatte, ordnungsgemäß abgeführt, gäbe es heute mit großer Wahrscheinlichkeit keinen Roman. Und auch keine Schriftstellerin Mirna Funk. Und das Finanzamt und der deutsche Staat würden nicht von mir profitieren können, wie sie es seit einigen Jahren tun.

Es kostete mich eisernen Willen, unendlich viel Arbeit und ich hatte auch ein bisschen Glück, aber nach nur zweieinhalb Jahren hatte ich es geschafft, die gesamte Summe abzuzahlen. Nicht nur durch die monatlichen Beträge, sondern selbstverständlich auch durch große Teilzahlungen. Denn nach der Veröffentlichung meines Romans 2015 arbeitete ich so gut wie ununterbrochen in Festanstellungen und schrieb als freie Journalistin und Autorin. Ende 2018 hatte ich so zwar keine Schulden mehr, aber immer noch keine private Rentenversicherung, keinen Bausparvertrag und keinen Fonds. De facto hatte ich also keine Absicherung für später und selbstverständlich auch kein finanzielles Polster. Ich lebte, wie schon 1998, von der Hand in den Mund. 20 fucking Jahre von der Hand in den Mund. Immer mit dem Blick auf jede Ausgabe und der großen Verwirrung darüber, dass am 15. jeden Monats kein Geld mehr da war. Als im Frühjahr 2019 mein damaliger Arbeitgeber einen Workshop mit *Madame Moneypenny* anbot, eröffneten sich mir völlig neue Perspektiven. Ich erfuhr das erste Mal in meinem Leben von ETFs, aber auch von der dringenden Notwendigkeit eines finanziellen Polsters, das fünf Monatsgehälter umfasste. *Madame Moneypenny* referierte auch über die finanzielle Unabhängigkeit vom eigenen Partner, aber dass das überhaupt erklärt werden musste, irritierte mich. Egal wie unfähig ich war, mit Geld umzugehen, wie wenig ich über Geld wusste und wie ignorant ich dem Thema jahrzehntelang gegenübergestanden hatte, mich von meinen Partnern finanziell abhängig zu machen, wäre mir niemals in den Sinn gekommen.

Dieser Workshop von *Madame Moneypenny* jedenfalls forderte mich auf. Er forderte mich dazu auf, nun endlich, mit 38 Jahren, an meine Zukunft und die Zukunft meiner Tochter zu denken, also etwas zu tun, das man mir nicht beigebracht hatte, das mir schwerfiel ob der sozialen und persönlichen Umstände, in die ich hineingeboren war.

Während des Workshops machte ich eine Instagram-Story und schrieb: »Was, wenn wir die Lebenszeit, die wir in das Analysieren von WhatsApp-Nachrichten einzelner Dudes stecken, in die Auseinandersetzung mit unseren Finanzen investieren würden?« Die Story ging viral, weil sie ein beliebtes Problem von Frauen offenlegte, nämlich die irre Vorstellung, dass der eigene Partner nicht nur langfristig der Ernährer der Familie zu sein hatte, sondern auch als Altersvorsorge diente. Der Mann als Lebenszentrum. Der Mann als Erlöser.

Direkt nach dem Workshop sammelte ich bei Freunden Infos zu Finanzberatern ein und traf diese in den folgenden Tagen und Wochen, um mir einen Eindruck zu verschaffen. Was war das für eine Welt? Was waren das für Leute? Und wem könnte ich vertrauen? Das waren die Fragen, die ich mir während der Meetings stellte. Am Ende bekam der Berater den Zuschlag, der mich im Gegensatz zu anderen eben nicht unter Druck setzte, dafür meine Kenntnisse zu Investments und privaten Rentenversicherungen lobte und mich davon abhielt, mein Geld für Blödsinn auszugeben. Denn natürlich hatte ich mich nach dem Workshop mit *Madame Moneypenny* aktiv mit ETFs, Fonds, Rentenversicherungen und dem Investieren in Aktien im Allgemeinen auseinandergesetzt. Ich begriff, dass ich aufgrund meiner begrenzten Zeit und meines begrenzten finanziellen Rahmens etwas brauchte, das einfach so nebenherlief und trotzdem langfristig Geld abwarf. Also eröffnete ich ein ETF-Depot für mich und meine Tochter und schloss eine private Rentenversicherung auf ETF-Basis für mich und meine Tochter ab. Von nun an nahm ich 300 Euro monatlich für meine Zukunft und 200 Euro für die Zukunft meiner Tochter in die Hand. Das heißt, das Kindergeld nutze ich für ihre Absicherung. Das können nicht alle, das weiß ich. Das wollen auch nicht alle, das weiß ich auch. Aber diese Entscheidung entwickelte sich aus dem unbedingten Willen heraus, meiner Tochter - anders, als es meine Eltern getan hatten - einen entspannten Start in ihr erwachsenes Leben zu gewährleisten und darüber hinaus langfristig finanzielle Stabilität zu erlangen.

In den letzten drei Jahren war es mir möglich, dieses sagenumwobene finanzielle Polster aufzubauen und sogar in Kunst zu investieren. Meine liebste Form der Investition. Einfach, weil ich sehr viel Ahnung von Kunst habe und sie mich schon mein ganzes Leben begleitet. Für mich bedeutet Kunst zu sammeln, das schöne Leben zu genießen, Ästhetisches in meine eigenen vier Wände zu holen und gleichzeitig Künstler finanziell zu unterstützen. Möglicherweise führt diese Art des Investierens zu hohen Gewinnen in der Zukunft. Möglicherweise auch zu hohen Verlusten. Denn Investieren war, ist und wird immer Risiko sein. Keine sichere Bank. Egal, ob Kunst, Aktien oder Krypto. Wem das alles nicht passt, der setzt auf Indexfonds. Wie ich es auch zu Beginn getan habe. Und vielleicht läuft es ähnlich wie bei mir, dass das kontinuierliche Investieren und aktive Auseinandersetzen mit Geld eben auch zu einem Interesse an anderen Investitionsformen führt. Denn im Dezember 2021 bin ich ins Krypto-Game eingestiegen. Zehn Jahre zu spät vielleicht, aber hoffentlich noch früh genug, um 2030 nicht sagen zu müssen, dass ich offensichtlich komplett am großen Geld vorbeigerauscht bin. Denn eine Sache habe ich bis heute nicht vergessen, nämlich wie mein guter alter Freund Holm Friebe vor zehn Jahren zu mir sagte: »Mirna, hör zu, es gibt etwas Neues, das heißt Bitcoin. Nimm mal einen Hunni in die Hand und kauf davon 100 Bitcoins.« Offensichtlich habe ich das nicht getan, sonst würde ich heute in einer Hängematte auf Hawaii liegen und nicht ein Buch über Freiheit schreiben.

Trotzdem habe ich nicht mein hart erarbeitetes Geld in die Hand genommen, um damit blindlings irgendwelche Coins zu kaufen. Selbstverständlich habe ich mich vorher monatelang mit dem Kryptomarkt beschäftigt, online, auf YouTube-Kanälen und Instagram-Seiten, denen ich folge. Ähnlich wie bei den ersten Investitionen in ETFs habe ich Wissen angehäuft und dann mithilfe von weiteren Beratern eine eigene Entscheidung getroffen. Und das solltet ihr auch tun. Ihr solltet begreifen, dass Geld frei macht und Freiheit glücklich. Dass eure Partner niemals Altersvorsorge sein können und auch nicht sein dürfen. Ihr solltet verstehen, dass finanzielle Unabhängigkeit die Grundvoraussetzung für Emanzipation ist. Denn freiheitliche Entscheidungen für das eigene Leben können niemals in Abhängigkeit getroffen werden. Und finanzielle Abhängigkeit führt immer auch in eine emotionale und mentale Abhängigkeit, weil Geld ein absolut elementarer Grundpfeiler unseres Lebens ist. Es ist ein emanzipatorisches Armutszeugnis, dass nur etwa 30 Prozent der Frauen in diesem Land finanziell unabhängig sind, weil 2/3 entweder gar nicht (30 Prozent) oder in Teilzeit (40 Prozent) arbeiten.[4] Es ist ein emanzipatorisches Armutszeugnis, wenn Frauen ihre Partner um Taschengeld bitten. Es ist ein emanzipatorisches Armutszeugnis, wenn Frauen kein eigenes Konto, keine individuelle Altersvorsorge und keinen eigenen Anlageplan haben. Und es ist ein emanzipatorisches Armutszeugnis, wenn Feministinnen sich weigern, dieses Grundproblem zu adressieren, und sich stattdessen in Stellvertreterdiskussionen verlieren. Ich weiß, dass nun gerne Care-Arbeit und Vereinbarkeit angeführt werden, um zu verdeutlichen, dass es Frauen schließlich unmöglich ist, finanziell unabhängig zu sein. Und darauf möchte ich nun folgendes sagen: 1989 waren 91 Prozent (zum Großteil in Vollzeit) aller Frauen in der DDR erwerbstätig und nur 51 Prozent (zum Großteil in Teilzeit) in Westdeutschland.[5] In Frankreich liegt die Frauenerwerbsquote von Müttern in Vollzeit bei 65 Prozent. In Deutschland sind es sogar weniger als 30 Prozent.[6] *Vereinbarkeit* und *Care-Arbeit* stellen für Frauen in anderen Ländern kein Problem dar. Diese Begriffe werden in Deutschland heute deshalb ständig als Totschlagargument angeführt, weil die alte Bundesrepublik ein traditionelles Ernährermodell fuhr, bei dem die Frau nach der Eheschließung und/oder dem Kinderkriegen an den Herd verbannt wurde. Dieses traditionelle Rollenmodell hält sich bis heute hartnäckig, und anstatt dass es von den führenden Feministinnen aufgebrochen würde, untermauern sie dieses durch die Behauptung, dass ein Kind automatisch zu finanzieller Abhängigkeit führen müsse. Dabei arbeiten selbst kinderlose Frauen nach der Eheschließung nicht in Vollzeit, weil es sich eben nicht gehört. Weil das traditionelle Ernährermodell viel mehr ist als nur eine gesellschaftliche Notwendigkeit, es ist Distinktionsmerkmal. Es steht für einen maskulinen Mann und eine feminine Frau. Es steht für einen starken, erfolgreichen Mann, der genug verdient, damit seine zarte, hilflose Frau, nicht in die raue Arbeitswelt muss. Das Außen ist hart, kalt und böse. Geld ist hart, kalt und böse. Arbeit ist hart, kalt und böse. Dem sind nur Männer gewachsen. Und richtige Männer schützen Frauen vor der harten, kalten, bösen Welt und verschaffen ihnen die Möglichkeit, sich ausschließlich im Privaten aufhalten zu müssen. Wir haben es hier also mit einem antikapitalistischen, antimodernen und antiemanzipatorischen Weltbild zu tun, das sich in den westdeutschen Geschlechterrollen manifestiert. Solange die Frauen sich nicht selbständig von diesem Weltbild verabschieden, sind sie nicht wirklich emanzipiert. Solange sie nicht hundertprozentig finanziell unabhängig sind, sind sie nicht wirklich emanzipiert. Und solange Frauen die Verwaltung ihrer eigenen Finanzen an männliche Verwandte und Partner delegieren, werden die traditionellen Geschlechterrollen nicht aufgebrochen werden.

Kinder

Der Regen prasselte gegen die Fensterscheibe. Ich saß auf der Toilette. Meine Füße ruhten auf den kalten Bodenkacheln. Meine Hand zwischen meinen Beinen. Ich schaute auf den verschimmelten Duschvorhang. Am Saum war er ganz schwarz. Egal, was man machte, nach drei Tagen würde es wieder losgehen. Kein Chlor half gegen den israelischen Winter. Ein feuchter Winter. Ein nasskalter Winter. Und dazu keine richtige Heizung. Nur lauwarme Luft, die aus der Air Condition drang. Ein fucking Joke war das.

Ich zog meine Hand nach vorne, blickte auf das weiße Plastikteil. Zwei Striche. Schwanger hieß das. Ich war schwanger. Ungeplant, aber nicht unglücklich. Es war unerwartet, aber nicht überraschend. Ich war unvorbereitet, aber würde es möglich machen. Der Vater meines zukünftigen Kindes saß vor mir, auf den nackten Fliesen, und strahlte übers ganze Gesicht. Das wünscht man sich ja als Frau. Dass da jetzt keiner sagt: »Oh nein, oh fuck, wie werden wir das jetzt wieder los?« Sondern: »Wie toll, das ist ja fantastisch, ich freu mich so!« Eine gute Ausgangslage eigentlich. Es war März 2015. Vier Monate später sollte mein Roman *Winternähe* erscheinen und noch mal zwei Monate später müsste ich dann auf Lesereise und Promo machen. Hochschwanger würde ich vor den

Journalisten sitzen und in meinen Lesungen und in den TV-Beiträgen, die von mir gedreht werden würden ob der Aktualität des Themas, das ich in diesem Roman behandelt hatte. Eigentlich hatte ich das alles nichtschwanger machen wollen. Eigentlich empfand ich meine Situation als nicht ideal. Eigentlich hatte ich mir ein bisschen mehr Sicherheit gewünscht. Aber ein Kind wollte ich schon seit Jahren und nun war es da, in meinem Bauch, und deshalb hieß es einfach: Durchziehen. Wird schon. Einfach machen.

Zu diesem Zeitpunkt lebte ich in Tel Aviv und in Berlin. Ich hatte zwei Wohnungen, zwei Leben, aber keinerlei gesichertes Einkommen. Ich lebte von dem Vorschuss, den mir der Roman eingebracht hatte, und gelegentlichen Einkünften durch freie journalistische Arbeit. Der Vater meines Kindes konnte sehr gut reden, aber sehr schlecht Dinge tun, die Geld einbrachten, also versorgte ich uns dementsprechend beide. Die Parameter waren nicht besonders günstig und vermutlich hätten Personen mit mehr Realitätsbezug einen Abbruch ins Auge gefasst. Für mich ging ein Wunsch in Erfüllung, den ich bereits sechs Jahre lang gehegt hatte.

Die ersten vier Monate meiner Schwangerschaft waren fantastisch. Mir war nicht schlecht, ich aß viel und gerne und genoss den Frühling in Tel Aviv. Nie machte ich mir Gedanken über Hebamme, Kita oder Schule. Ich kaufte keine Bücher, las keine Blogs und machte auch sonst kein Buhei um meine Schwangerschaft. Schwangersein, das war für mich das Normalste der Welt. Mein Körper baute ein Kind. Darin hatten Frauen schließlich Übung.

Das taten sie seit Jahrtausenden. Und Israel war das perfekte Land für eine Schwangerschaft. Jedem, dem ich ab dem vierten Monat von meinem Mutterglück erzählte, strahlte mir ins Gesicht. Was ich tat, war also das Richtige. Mitte Juli ging ich gezwungenermaßen zurück nach Berlin, weil die Veröffentlichung meines Romans bevorstand. Langsam sah man auch einen Bauch. Ein kleiner Bauch unter meinen Sommerkleidern und Sommeroberteilen. Ich lief wie eine Ente und aß immer noch am liebsten zum Frühstück, Lunch und Abendbrot jeweils drei Gänge. Eine Freundin connectete mich mit ihrer Hebamme, die ich während der gesamten Schwangerschaft ganze dreimal sah. Sie wartete weder mit smarten Insights noch gruseligen Schreckensszenarien auf. Ob mit oder ohne sie – meine Schwangerschaft und die Geburt meines Kindes wären identisch abgelaufen.

Wenn ich in deutschen Restaurants saß und Carpaccio bestellte oder Sushi oder Rohmilchkäse als Vorspeise, wurde ich zurechtgewiesen. Nein, nein, das soll man nicht, sie sind doch schwanger, wurde mir erklärt. Und ich verdrehte dabei meine Augen und bestand auf meine Bestellung. Gerne erörterte ich die Essgewohnheiten von Franzosen (ganz viel Fleisch und gerne auch roh) und Japanern (ganz viel Fisch und vor allem roh). Ich erklärte, dass es auch in diesen Ländern schwangere Frauen gäbe und die äßen ganz normal weiter, also Schluss mit diesem albernen Theater.

Ich fand das alles furchtbar befremdlich: die Pathologisierung der Schwangerschaft. Die Obsession mit der Schwangerschaft. Und Frauen, die sich plötzlich nur

noch mit dem Zustand ihres Schwangerseins beschäftig-
ten. Einfach weird. Und vor allem: why? Was war daran
jetzt so wild? Ich verstand es nicht. Wirklich. Schwanger
zu sein, war kein Ausnahmezustand. Eigentlich merkte
man kaum etwas. Und darüber hinaus hatten Frauen
jahrtausendelang während ihrer Schwangerschaft ganz
normal weitergearbeitet und sich parallel um ihre anderen Kinder gekümmert. Rechts und links ließen sich
Frauen von ihren Jobs freistellen und planten ihre drei-
jährige Babypause. Ich hingegen suchte mir eine Festanstellung, die ich im September 2015, im siebten Monat,
antrat mit dem Plan, sechs Wochen nach meiner Geburt,
wieder in den Job einzusteigen. Ich tingelte ab Herbst
durch Deutschland und las aus meinem Roman, saß in
Panels und arbeitete de facto bis zum Tag meiner Ent-
bindung.

Ja, auch ich hatte ein paar cute delusional thoughts.
Zum Beispiel, wie ich mein Kind auf die Welt bringen
wollte. Am liebsten allein im Wald, wo ich dann archa-
isch, wie ich nun einmal bin, die Nabelschnur mit meinen
Zähnen durchtrennen und den Körper meines Kindes
sauberlecken würde. Weil der Vater meines Kindes
weder von dieser Idee noch von der einer Hausgeburt
überzeugt werden konnte, meldete ich mich in einem
anthroposophischen Krankenhaus an (völlig balla balla)
und versprach mir, mein Kind auf natürliche Weise und
ohne PDA auf die Welt zu bringen. Nach 12 Stunden
Wehen war ich durch mit dem ganzen Natural-Birth-
Quatsch und verlangte eine PDA. Und nach 26 Stunden
dann den Kaiserschnitt. Nichts lief wie geplant. Auch das

Stillen war die totale Katastrophe. Erst wusste ich nicht, wie es überhaupt gehen sollte, dann schrie Etta immer meine Brust an, nach sechs Wochen hatte ich dann eine Brustentzündung, woraufhin die Milchproduktion aussetzte.

Andere Frauen wären hier vielleicht durchgedreht, aber mir war das alles egal. Wie ich nun dieses Kind geboren hatte. Ob ich es nun stillen oder mit der Flasche füttern müsste. Absofuckinglutely egal. Ich hatte ein 52 cm großes und 3800 g schweres schönes Kind auf die Welt gebracht, das schnell lachte und mit drei Wochen schon so wach und neugierig war, wie sie es heute mit ihren sechs Jahren noch immer ist. Und das reichte völlig. Weil ich, wie geplant, nach sechs Wochen wieder ins Büro ging – mit dabei mein schlafendes Baby –, hatte ich auch keine Zeit, zutiefst gelangweilt in Mum-Magazinen und Mütter-Blogs zu lesen oder bei Mom-Spaziergängen durch den P-Berg übers Zahnen, selbst gekochte Babybreie und die Tricks rund ums Abstillen zu sprechen. Ich machte Money-Moves, während mein Baby in der Trage zufrieden gluckste.

Selbstverständlich war ich müde. Selbstverständlich war ich todmüde. Selbstverständlich wollte ich nichts lieber als endlich wieder ausschlafen. Aber ich hatte nicht erwartet, dass ich in dem ersten Jahr meiner Mutterschaft nicht erschöpft, überfordert und genervt sein würde. Ich hatte mir keine Illusionen gemacht, dass so ein Kind Stress bedeutete, aber ich hatte mir auch keine Illusionen gemacht, dass so ein Kind die Erfüllung aller Wünsche bedeutete. Mein Zugang zu meinem eigenen Muttersein war pragmatisch, unaufgeregt und dramafrei. Wenn etwas nicht klappte, zweifelte ich nicht an meinen Fähigkeiten als Mutter, sondern nahm es hin, wie man eben Schwierigkeiten auf dem Weg im Leben hinnimmt: pragmatisch, unaufgeregt und dramafrei. Ich war schließlich immer noch Frau. Ich war Mirna, die Schriftstellerin und Kommunikationsberaterin. Ich war Mirna, die Geliebte und Freundin. Ich war Mirna, das denkende, unabhängige Wesen, das am liebsten tagträumt. Und ja, jetzt war ich auch noch Mutter. Aber mein Muttersein reihte sich eben ein. Es ergänzte alle anderen Rollen, Persönlichkeiten und Identitäten, die ich sonst noch hatte. Es erweiterte mein Sein, meinen Horizont und meine Gefühlswelt. Aber zu keinem Zeitpunkt begrenzte es mich. Es machte mich nicht weniger, sondern mehr Mirna. Was aber selbstverständlich daran lag, dass ich eben nicht stundenlang den Kinderwagen am Kollwitzplatz entlangschob und währenddessen völlig vereinsamt wilden Abenden auf Koki in der Odessa Bar hinterhertrauerte. Ich schob so gut wie nie meinen Kinderwagen, sondern hatte Etta eigentlich immer nur in der Trage, weil ich meinen Handlungsspielraum damit vergrößerte, oder in der Autoschale, wenn ich wie sonst auch mit meinem alten Porschi wild von A nach B düste.

Selbstverständlich fiel ich völlig erschöpft um halb neun ins Bett. Aber ich hatte damit gar kein Problem, weil ich mir immer im Klaren darüber war, dass es sich hier gerade um eine bestimmte Zeit, eine Phase handelte, die sich slightly von dem Davor unterschied, aber eben auch wieder enden würde. Wie alles im Leben in Bewegung und eben nicht statisch *forever* ist. Das Leben ist 100 Prozent des Kuchens. Und es gilt immer zu schauen, womit ich diese 100 Prozent füllen möchte. Mit Arbeit, mit Freunden, mit meinem Partner, mit meinen Interessen, mit Denken, mit Träumen, mit Nichtstun, mit Sex. You name it. Diese Aufteilung ändert sich fortwährend, weil sich doch auch Prioritäten fortwährend ändern. Und diese Entscheidung über die Verteilung der eigenen Prioritäten trifft niemand außer ich selber, und wenn ich mich dazu entscheide, ein Kind zu bekommen, dann muss eben klar sein, dass dieses Kind eine gewisse Zeit mehr Aufmerksamkeit bekommen muss und andere Teile des Lebens ein bisschen weniger. So wie auch mein Roman, mein Sachbuch oder meine Serie zu bestimmten Zeiten mehr Aufmerksamkeit bekommen, weil sonst aus ihnen nichts wird. Und so ein Kind hat nicht entschieden, auf die Welt zu kommen. Wir haben es für das Kind entschieden, und deswegen haben wir auch die Verantwortung dafür, dass sich das Kind für den Raum, den es in Anspruch nimmt, nicht schlecht und nicht zu viel fühlen muss. Egal, um wie viel Uhr meine Tochter aufwachte, egal, wie müde und fertig ich war, ich lächelte ihr ins Gesicht und verbalisierte freudestrahlend, wie glücklich sie mich machte. Denn sie war nicht schuld an meiner Müdigkeit. Ich selbst hatte mich bewusst für Müdigkeit entschieden, als ich mich bewusst für sie entschieden hatte. Diese Perspektive ist nichts weiter als das Verständnis dafür, dass jede Entscheidung und jede Handlung, die wir treffen, weitere Konsequenzen nach sich zieht und dass wir für diese Konsequenzen genauso verantwortlich sind wie für die Entscheidung, die zuvor gefällt wurde, auch wenn sie uns nicht gefallen.

Wenn ich heute Bücher oder Texte lese, in denen von *Tschörmany* gefeierte und anerkannte Feministinnen über ihre eigenen Kinder herziehen, läuft es mir kalt den Rücken runter. Wenn sie darüber schreiben, dass sie sich morgens übermüdet vorstellen, ihr eigenes Kind gegen die Wand zu schmeißen, oder das Gefühl haben, ihr altes Leben verloren zu haben, dann frage ich mich, ob diese Frauen um mehr als eine Ecke denken können. Weil sie offensichtlich nicht verstehen wollen, dass es hier um Verantwortung geht. Eine Verantwortung, für die sie sich entschieden haben und für die das Kind nichts kann. Das Kind kann nichts für seine Abhängigkeit. Wieso wird sie ihm dann vorgeworfen? Das Kind ist schuldlos von mir in diese Welt geworfen worden. Es macht mich schuldlos müde, schreit schuldlos nach Nahrung und Wärme und einem Bett. Wenn mich die Bedürftigkeit meines eigenen Kindes so auf die Palme bringt, dass sie in mir Hass und Wut und Abwehr auslöst, dann hat das nicht so viel mit *Regretting Motherhood*, Übermüdung und Überforderung zu tun. Sondern viel mehr mit meinem eigenen Wunsch nach Bedürftigkeit. Der nun nicht mehr erfüllt wird, weil ich die Bedürfnisse eines anderen Wesens erfüllen muss. Wer es erfolgreich aus seiner Adoleszenz geschafft hat, der kann einem Kind bedingungslose Liebe schenken, ohne ihm das Erhalten dieser Form der Liebe gleichzeitig zu neiden. Jede Mutter, die ihrem Leben als Single hinterherweint, aber 24/7 nichts tut außer »Babybrei« zu googeln, um sich anschließend darüber öffentlich beschweren zu können, ist kind of pathetic, wenn ihr mich fragt. Denn die Bedürftigkeit des Kindes ist nicht der Grund dafür, dass ich mich als Frau während meines Mutterseins selbst verliere. Der Grund dafür ist, dass diese Frauen sich selbst überhaupt nicht als unabhängiges Wesen begriffen haben. Denn sonst würde mich die Bedürftigkeit meines eigenen Kindes nicht dermaßen aus der Bahn werfen, und ich wüsste außerdem, wie ich die Bedürftigkeit des Kindes und meine eigene ausbalancieren muss, um stabil und glücklich zu sein.

Der Trend der letzten Jahre, Mutterschaft zu bashen, Kinderhass salonfähig zu machen und es sogar als cool zu verkaufen, wenn ich als Frau keine Muttergefühle entwickele, macht mich traurig. Keine Frau muss Kinder bekommen. Ich habe selbst Freundinnen, die keine Mütter sein wollen und deswegen auch keine sind. Völlig fine. Das sind freie Lebensentscheidungen. Darum geht es aber im *Regretting Motherhood*-Feminismus nicht. Sondern darum, dem Kind und natürlich dem System die Schuld für meine fehlende Happyness zu geben. Aber der Irrtum ist doch, dass dem Kind überhaupt der Auftrag erteilt wird, für die eigene Happyness zu sorgen. I mean, why? Das Kind hat gar keine intrinsische Aufgabe. Es lebt, weil ich mich dafür entschieden habe. Und mein Auftrag ist, es so gut, gesund und glücklich wie möglich in die Welt zu begleiten.

Sofort nach der Geburt meiner Tochter plapperte ich drauflos. Ich verstand nicht, warum gemeinhin geglaubt wird, dass Babys nichts verstehen, nur weil sie noch nicht sprechen können. So als würden stumme Menschen auch taub sein. Wenn ich mit meiner Tochter sprach, so wie ich es mit jedem anderen Menschen tat, ohne Baby-sprache, ohne einfachen Satzbau, sondern ganz normal, reagierte sie wach und aufmerksam. Denn sie verstand. Sie verstand, was ich sagte. Bis heute spreche ich mit ihr auf einem ganz normalen Sprachniveau. Nämlich jenem, das ich auch für jede andere Person, der ich begegne, verwenden würde. Als sie laufen konnte, drückte ich ihr meine Bankkarte oder Cash in die Hand und schickte sie zum Bezahlen zum Kellner. Auf dem Spielplatz stand ich nicht am Klettergerüst, sondern vertraute darauf, dass sie selbst ausloten konnte, mit welchem Gefährlich-keitsgrad sie sich dem Spiel aussetzen wollte. Wenn sie wegrannte, rannte ich nie hinterher, sondern vertraute darauf, dass sie einschätzen würde, wann sie zu weit gelaufen ist. Wenn wir in großen Menschenansamm-lungen waren, schaute ich nie zurück, sondern erklärte ihr immer, sie müsse den Blick darauf haben, wo ich bin. Als sie sprechen konnte, brachte ich ihr bei, was sie sagen müsse, wenn sie irgendwann doch einmal verloren gehen würde. »Mein Name ist Etta Funk, meine Mama ist Mirna Funk und wir wohnen in der Sowiesostraße Nummer sowieso.« Ich spielte nie mit ihr. Kein Fangen, kein Ball, kein Barbieblabla, kein Lego, keine Eisenbahn. Ich erklärte ihr von Beginn an, dass ich keine Spiele-Mum sei und sie das Unglück darüber später in ihrem

Abrechnungsroman verarbeiten könne, »Meine Mutter Mirna Funk« wäre ein guter Titel. Wenn sie über Langeweile klagte, sagte ich ihr, dass Langeweile der Ausgangspunkt für Kreativität sei. Ich bin nicht da, um ihr diese Langeweile zu nehmen, sondern dazu da, genug Zeit für Langeweile zur Verfügung zu stellen. Etta besitzt kein Spielzeug. Keines. Einmal im Monat gehen wir in einen Laden für Bastelbedarf und sie darf sich alles aussuchen, was sie braucht. Abends lese ich ihr eine Geschichte vor, bei der sie nie einschläft. Danach liegt sie meistens selbst eine halbe Stunde im Bett, bis ihr die Augen zu fallen. Von Anfang an erörterte ich, dass sie diese Zeit braucht, um ihren Tag zu reflektieren und sich selbst zu spüren. Sie solle sie nutzen. Ernsthaft und bewusst.

Wenn wir zum Essen eingeladen waren, drückte ich ihr nie mein Telefon oder das iPad in die Hand, auch wenn es einfacher gewesen wäre. Einfacher für mich und einfacher für sie. Ich wollte aber, dass sie lernt, sich in sozialen Zusammenhängen aktiv einzubringen. Als die, die sie ist. Etta Funk. Ein von mir unabhängiger Mensch mit eigenen Gedanken, Gefühlen, Werten, Wünschen und Hoffnungen, die sie frei und offen äußern darf. Mein Ziel, was man gemeinhin *Erziehung* nennt und über das ich nie viel nachdachte, war immer, dass sie sich als autonomes Subjekt begreift, das sich mit mir in einem ausgeglichenen Beziehungsverhältnis befindet, bei dem wir gleichberechtigt sind, aber nicht gleich sein müssen. Ihre Unterschiedlichkeit hieß ich willkommen und unseren Gemeinsamkeiten maß ich nicht unendlich viel Bedeutung bei. Sie ist täglich angehalten, ihren Beitrag in unserem Haushalt zu leisten. Ein Nein bedeutet nein, und bevor ein Nein ausgesprochen wird, kann ein Kompromiss gefunden werden. Diese Praxis, nämlich meine eigene Entscheidung nicht mehr zu revidieren, sorgte dafür, dass das, was man gerne als *Terrible Two* bezeichnet, bei Etta auf genau zwei Ereignisse beschränkt werden kann. Der klassische Supermarktvorfall, bei dem auch sie schreiend vor einem Osterhasen stand, den ich ihr nicht kaufen wollte, und sich daraufhin auf den Boden schmiss. Vor Scham hätten jetzt viele zum Hasen gegriffen und damit aktiv das Theater zu einem Spiel gemacht, was endlos so weitergegangen wäre. Ich nicht. Ich ließ sie liegen, ging zur Kasse, erledigte die Zahlung und verließ den Supermarkt. Es dauerte keine zwei Minuten, bis sie ihren Osterhasenschreiplatz verließ und mich nach kurzer Suche vor dem Supermarkt fand. Ich sagte sehr klar und ruhig: »Das hast du heute genau ein einziges Mal gemacht. Das kommt so nie wieder vor. Und wenn doch, dann werde ich auch zukünftig ohne Reaktion das Spektakel verlassen. Wenn ich Nein sage, heißt das Nein und bleibt Nein, völlig egal, was du tust.« Das war das einzige und letzte Mal, dass sie in irgendeiner Form so etwas wie einen öffentlichen oder privaten Anfall hatte, um mein geäußertes Nein zu revidieren. Einmal riss sie sich vor Wut wegen eines Neins ihre Haare aus und ich sagte nur: »Das ist sehr schade um deine Haare, Schatz«, und verließ den Raum. Bis heute muss ich keine endlosen Diskussionen führen. Dabei ist es nicht so, dass ich ein autoritäres Regiment führe. Sie hat Freiheiten, die vermutlich die wenigsten Kinder haben, aber sie hat auch gelernt, dass es klare Regeln gibt, die eingehalten werden müssen und die man nicht mit bockigem Verhalten außer Kraft setzen kann. Genauso wie im echten Leben eben auch.

Jetzt können hier Leute behaupten, das sei krass, aber eigentlich tat ich nichts weiter, als mich eindeutig und klar zu positionieren, also als eine Mutter, die nicht wie ein Fähnchen im Wind, sondern wie ein fucking Fels in der Brandung agiert. Mit meiner Positionierung drückte ich aus, dass man sich auf mich und mein Wort immer verlassen kann, selbst ein Schreianfall vor 100 Personen würde daran nichts ändern. Und ich glaube ganz ernsthaft, dass das der wirkliche Schlüssel ist, Bindung zu kreieren. Das Infantilisieren des eigenen Kindes gehört jedenfalls nicht dazu. Und auch nicht, das eigene Kind immer noch zu stillen, obwohl es längst ein vollständiges Gebiss hat, oder das jahrelange Schlafen im Familienbett, weil man versäumt hat, dem Kind die Angst vor dem Alleinsein zu nehmen. Damit schafft man Abhängigkeit, keine Bindung. Damit schafft man Symbiose, keine Selbstsicherheit. Damit kreiert man einen Menschen, der sich nicht als vollständig, sondern als defizitär empfindet. Die Antwort auf die böse, kalte deutsche Erziehung, bei der ein Baby direkt nach der Geburt in eine Krippe gelegt wird und man es im Schlaf schreien lässt, ist nicht, dem Kind bis zur Einschulung nachts Windeln umzuschnallen. Und bevor ich Mutter wurde und mit anderen Müttern in Kontakt kam, dachte ich, das sei eigentlich klar, aber dem ist wohl nicht so.

Das ist nicht das Einzige, was ich in den letzten Jahren über andere Mütter lernen musste. Ich lernte auf sehr unangenehme Weise, dass es absolut en vogue ist, sein eigenes Kind als Arbeit zu begreifen. Aber insbesondere lernte ich, dass es das Allerfuckingletzte in diesem pseudofeministischen Deutschland ist, wenn man sein Kind nicht so sieht. Wenn man das Frühstückmachen, das Windelnwechseln, das Zuhören, das Einkaufen von notwendigen Dingen wie Lebensmitteln und Winterschuhen sowie halbjährliche Zahnarztbesuche als ganz normales Leben betrachtet. Als ich irgendwann im Mai oder Juni 2020, erklärte, dass ich mein Kind als Wunder und nicht als Arbeit betrachte, war ich mit dem zweiten großen Shitstorm meiner journalistischen Karriere konfrontiert. Dieser führte sogar dazu, dass selbst ernannte Gerechtigkeitskämpferinnen einige meiner Arbeitgeber kontaktierten und dazu aufriefen, mich nicht mehr zu beauftragen. Sie schrieben auch manche meiner Followerinnen auf Instagram an und forderten diese auf, mir zu entfolgen. Es erschienen Artikel, in denen man mir Ableismus, also Behindertenfeindlichkeit, vorwarf, weil ich das harte life von Eltern mit behinderten Kindern nicht mitdenken würde, für die das Aufziehen ihrer Nachkommen sehr wohl Arbeit ist. Dabei verstanden die wenigsten, dass es biografische Gründe dafür gibt, dass mein Kind von mir und auch allen anderen Teilen meiner Familie als Wunder gesehen wird. Denn weder ihr Vater noch ich würden heute leben, wäre Hitler mit der Endlösung wirklich erfolgreich gewesen. Und ich sage mal so, er war nicht gerade erfolglos, schließlich vernichtete er fast die Hälfte der jüdischen Weltbevölkerung. Aber in meinem Fall gelang es ihm nicht, meine Großmutter umzubringen, und im Fall ihres Vaters gelang es ihm nicht, seine Großmutter umzubringen. Sonst würde es uns heute nicht geben. Und diese Tatsache, nämlich nicht zu verstehen, warum man noch lebt, während andere tot sind oder niemals geboren werden konnten, führt zu einem sehr komplexen Verhältnis zum eigenen Leben, das offensichtlich Juden kennen, aber die wenigsten Nicht-Juden. Aber selbst wenn ich keine Jüdin wäre, wenn meine Existenz kein fucking Wunder wäre, würde ich mein Kind nicht als Arbeit begreifen. Denn Arbeit sind ausschließlich Tätigkeiten, mit denen ich mein Geld verdiene. Alles andere, und das ist mein absoluter Ernst, ist Leben. Es gibt keine Care-Arbeit, keine Beziehungsarbeit, keine Freundschaftsarbeit, keine Selbstarbeit, keine Reproduktionsarbeit. Es ist nichts weiter als die Conditio humana.

Und ja, ich musste mich zwangsläufig als Masterstudentin der Philosophie an der Humboldt-Universität mit materialistischem Feminismus beschäftigen und auch mit Silvia Federici, die schon in den Siebzigern Lohn für Hausarbeit forderte. Eine Forderung, die gerade heute extrem angesagt ist unter deutschen Feministinnen. Eine Forderung, die mich allerdings vor allem an die *Herdprämie* der CSU erinnert. Trotzdem scheinen jene Feministinnen, die hierzulande die Debatten anführen, nicht zu begreifen, wie konservativ und reaktionär ihre Forderungen sind. Warum muss mich ein Mann oder ein

Staat für das Schmieren eines Brotes bezahlen? Warum muss mich ein Mann oder ein Staat für das Waschen meiner Wäsche bezahlen? Warum muss mich ein Mann oder ein Staat für den halbjährlichen Zahnarztbesuch meines Kindes bezahlen? Gäbe es diese Forderung auch, wenn Männer gleichberechtigt am Haushalt teilnehmen würden? Und wenn sie das täten, müsste der Staat dann den Mann und die Frau dafür bezahlen, dass sie ihrem Kind das Brot geschmiert haben? Oder ist diese Forderung nicht vielmehr der absolut klägliche Versuch von Frauen, ihrem Partner zu verdeutlichen, dass dieser sich am Haushalt und der Kindererziehung zu beteiligen hat?

Mein Eindruck ist, dass der Haushalt und die Kindererziehung mit dem Begriff der Arbeit versehen werden müssen, um dem Partner zu verdeutlichen, dass er sich offensichtlich der gleichberechtigten Teilhabe verwehrt. Und weil Männer den Begriff Arbeit kennen, aber kein Verständnis für Kindererziehung und Haushaltstätigkeiten haben, musste der Begriff nun auch auf die beiden anderen Teile des Lebens angewendet werden. Geboren ist dieser Trick aus der Verzweiflung heraus, sich Gehör zu verschaffen und Anerkennung. Das ist mir total klar. Aber diese Verdeutlichung und der Versuch der Umerziehung des Partners geht hier auf Kosten der Kinder. Und er geht auf Kosten der Kinder, weil die meisten Frauen in diesem Land, nämlich 2/3, finanziell abhängig von ihren Partnern sind und deshalb keinerlei Handlungsspielraum haben, das Erziehungsprojekt »Partner« irgendwie voranzutreiben, außer Haushalt und Kinder semantisch zu Arbeit umzudeuten. Viel ergiebiger und vermutlich erfolgreicher würde dieses Projekt, wenn Frauen sich aus der finanziellen Abhängigkeit befreiten und die gleichberechtigte Teilhabe des Mannes zur Beziehungsbedingung umformulierten. Keine Beziehung ohne gleichberechtigte Teilhabe. Fertig, aus. Und würde man geteilte Haushaltstätigkeiten und Kindererziehung dann wirklich immer noch als Arbeit deklarieren, käme es zu einem völlig gleichberechtigten Zusammenleben? I doubt it.

Oft genug habe ich in den letzten Jahren erwähnt, dass mir meine finanzielle Unabhängigkeit die Möglichkeit gab, den Vater meines Kindes ob seiner Verweigerungshaltung rauszuschmeißen. Oft genug habe ich erwähnt, dass da nun niemand mehr ist, dem ich mein »Care-Arbeits-Dilemma« an den Kopf werfen kann, schließlich lebe ich allein mit meinem Kind. Und oft genug habe ich erwähnt, dass ich nun wirklich keine Sekunde darüber nachdenke, dass jetzt der Staat für das Schmieren des Brötchens aufkommen sollte. Oft genug habe ich allerdings auch erwähnt, dass die Besteuerung von Alleinerziehenden, aber auch Alleinlebenden mit Kindern reformiert werden müsste. Einfach, weil mein Steuersatz dem eines Singles ohne Kinder gleicht, obwohl meine Ausgaben und die aller Personen mit Kindern selbstverständlich viel höher sind. Da werden Ehen finanziell enorm begünstigt, ohne dass überhaupt Kinder vorhanden sind, ohne dass eine weitere Person im Haushalt ernährt werden muss, ohne dass es eine größere Wohnung braucht, ohne dass man die teureren Flüge während der Schulferien buchen muss und so weiter. Die Liste ist lang und dennoch wagt sich die Regierung nicht an die Reformierung des Ehegattensplittings in ein Familiensplitting, wie es in Frankreich schon seit Jahrzehnten existiert. Aber das Einräumen meines Geschirrspülers deswegen ernsthaft vom Staat finanzieren lassen zu wollen, darauf käme ich echt im Traum nicht. Vielleicht auch, weil ich mich als unabhängige Frau definiere, die erwachsen genug ist, sich von »Vater Staat« zu lösen und die Verantwortung für ihr Überleben (Essen, Trinken, Waschen, Schlafen) und die Verantwortung für das Überleben ihres Kindes (Essen, Trinken, Waschen, Schlafen) selbst übernehmen kann.

Körper

Ich saß auf dem Badewannenrand. Meine Beine waren geöffnet. Draußen die warme Sonne. Drinnen das Vergessen. Die Füße im grünen Wasser. Aus dem Wohnzimmer hörte ich Anne Clark. Ich glaube *Short Story* oder *The Darkness*. Irgendwas von ihrem Album *Joined Up Writing/The Sitting Room* jedenfalls. Er saß im Wasser. In der einen Hand einen Rasierer. In der anderen den Rasierschaum. Sein Gesicht direkt vor meinem Schoß. Langsam entfernte er meine Haare. Stück für Stück. Die, die noch übrig geblieben waren zumindest. Schließlich rasierte ich mich seit meinem 15. Lebensjahr selber. Ich ließ nur ein Dreieck übrig, auf dem sogenannten Venushügel. Die Schamlippen waren freigelegt und auch der Rest. Hätte ich meine Haare nicht entfernt, ich hätte ausgesehen wie Demi Moore auf diesem bekannten Achtzigerjahre-Softporn-Bild, das es von ihr gibt. Extrem bushy eben.

Warum ich diesen Busch nicht wollte? Weil ich ihn selbst nervig fand. Niemals zuvor hatte ich rasierte Vulven im Internet gesehen, weil es noch gar kein Internet gab. Nicht einmal aus Pornos kannte ich sie, weil die meisten Filme, die man in der Videothek bekam, aus den Achtzigern stammten und dementsprechend voll mit buschigen Vulven waren. Damit möchte ich nicht sagen, dass ich frei war von Beeinflussung, damit will ich nur sagen, dass ich ernsthaft nicht wüsste, wo ich 1996 eine rasierte Vulva gesehen haben sollte, oder Hunderte, um »vom Außen« gezwungen worden zu sein, meine eigene zu rasieren. Dieses Game, das wir damals an diesem Samstag oder Sonntag oder Mittwoch im Sommer 1997 spielten, war keiner Ästhetik geschuldet, die nachgeahmt werden musste. Dieses Game basierte darauf, Lust durch Kontrolle zu erzeugen. Ich hatte zu diesem Zeitpunkt keine pink gefärbten Haare mehr, aber immer noch ein Zungenpiercing. Das war damals zwar cool, aber zugleich auch ein Beispiel für die jahrtausendealte Tradition des Menschen, seinen Körper zu modifizieren.

Ich sah eben aus, wie ein Raver Girl in den Neunzigern aussah: schwarze Schlaghosen, Knautschlacklederjacke, schwarze Pulp-Fiction-Frisur, zu einem Strich gezupfte Augenbrauen, eine Kugel auf der Zunge und eine rasierte Pussy.

Zu behaupten, die Entscheidung für diesen Look sei nichts weiter als die Internalisierung des Male Gaze, wäre nicht nur zu einfach, sondern auch falsch. Denn den gängigen Schönheitsidealen in meinem Umfeld entsprach ich überhaupt nicht. Die Boys auf meiner Schule fanden mich scheiße. Die Boys im E-Werk fanden mich scheiße. Und auch die Boys, die in die Bar kamen, in der ich arbeitete, fanden mich scheiße. Nur ganz selten – wirklich ganz, ganz selten – fand sich einer, der mich nicht scheiße fand und den ich auch nicht scheiße fand. Ich hatte superkleine Brüste, eine supergroße Nase und einen superweirden Look. Zu keiner Sekunde dachte ich darüber nach, mir die Titten machen zu lassen, obwohl D-Cups in den Neunzigern noch angesagter waren als ein Arschgeweih. Zu keiner Sekunde dachte ich, dass ich irgendetwas operativ an meinem Körper machen müsste oder meinen Look ändern, um mehr Boys auf meine Seite zu ziehen. Dabei gab es selbstverständlich die *Bravo* und die *Mädchen* und das böse Fernsehen. Das heißt, selbstverständlich sind wir Menschen mit den Erwartungen von außen konfrontiert. Jeder, Männer wie Frauen, in jeder Gesellschaft. Auch Gesellschaften, die nicht kapitalistisch sind. Das ist ganz normal. Und es ist auch normal, dass sich Menschen im Laufe der Geschichte über Gesellschaftsnormen hinweggesetzt haben und diese eben gerade durch ihren individuellen Widerstand langfristig ändern konnten. Wäre das nicht der Fall, würden wir schließlich alle noch so aussehen wie vor 5000 oder 10000 oder eben 50000 Jahren. Aber es gibt Entwicklung. Fortwährend. Und zwar, weil das Außen, die Gesellschaft, das System eben keine außerirdische Tyrannei ist, sondern ein Zusammenschluss von Menschen.

Mein ganzes Leben schon bin ich ein extrem dünnes Mädchen. Also untergewichtig dünn, ohne aber je eine Essstörung entwickelt zu haben. Diese Körperform ist einfach meiner genetischen Veranlagung geschuldet. Und wer wirklich glaubt, dass Dünnsein die Eintrittskarte ins bessere Leben ist, hat mit untergewichtigen Menschen offensichtlich noch keine drei Sätze gewechselt. Denn Dünnsein wird nicht kommentarlos behandelt, weil es als Schönheitsideal gilt. Jahrzehntelang musste ich mir anhören, wie schlecht, krank oder zerbrechlich ich aussehe. Dass ich doch besser mehr essen solle oder ob ich etwa an Magersucht oder Bulimie leide. Diese Kommentare nickte ich weg, weil ich mich selbst immer gut in meinem Körper fühlte und gar nicht anders aussehen wollte. Aber auch, weil ich mich mit meinem Körper so gut wie nie beschäftigte. Ich stand nicht stundenlang vor dem Spiegel, um ihn »zu verstehen«, ich verglich mich nicht, ich interessierte mich auch nicht für die Kommentare, die zu meinem Gewicht gemacht wurden. Das gilt im Übrigen auch für meine primären und sekundären Geschlechtsmerkmale. Meine Brüste waren wie meine Finger, meine Vagina wie meine Nase. Das heißt, sie gehörten zu einem großen Ganzen, einem Subjekt, das ich war, ohne die Möglichkeit auf objektiven Zugriff eines anderen. Denn ich gehörte mir und dementsprechend konnte ich keinem anderen gehören.

Einen großen Teil meiner Sommer verbrachte ich am Strand von Tel Aviv und das immer »oben ohne«. Auch, weil meine ostdeutsche Sozialisation dafür gesorgt hatte, dass Körper für mich nichts Objektivierbares waren. Dass das Nacktsein selbst nicht sexualisierend ist, sondern erst die intime Beziehung, der Akt mit mir selbst oder zweier oder mehrerer Menschen. Trotz des großen sozialistischen Einflusses in Israel, der sehr ähnlich wie in der DDR in den Achtzigerjahren sein Ende fand, wurden und werden die Körper von Frauen dort sehr wohl sexualisiert. Was dazu führte, dass sich ständig irgendwelche Boys neben mich auf die Stranddecke setzten, um mit mir ins Gespräch zu kommen. Das passiert einem in

Israel auch mit Bikinioberteil, aber ohne eben doppelt so oft. Ich hörte ihnen meistens kurz zu, und wenn ich sie nervig fand, erklärte ich, dass nun der richtige Moment gekommen wäre zu gehen. Was sie immer taten, wenn man sie klar und eindeutig in die Schranken wies. Und wenn ich sie hot fand, verabredete ich mich mit ihnen noch für denselben Abend. Im Restaurant hielten sie mir die Tür auf, bezahlten das Essen und boten mir anschließend an, mich nach Hause zu bringen. Natürlich mit der Erwartung, dass ich mit ihnen schlief, und wenn ich es wollte, nahm ich sie mit in meine Wohnung, und wenn ich es nicht wollte, fuhr ich mit dem Taxi nach Hause, anstatt mich bringen zu lassen. Fühlte ich mich belästigt? Nein! Fühlte ich mich unfrei? Nein! Fühlte ich mich als Opfer eines patriarchalen Systems, in dem Männer alle Frauen objektivieren? Nein! Werden diese Sätze nun für Unmut, Unverständnis und Beleidigungen sorgen? Garantiert!

Wir alle werden unser ganzes Leben tagtäglich mit Zuschreibungen, Erwartungen, Vorwürfen, Behauptungen, Wünschen und Projektionen konfrontiert. Jeder Einzelne. Immer. In den meisten Fällen sind das eben keine aktiven Angriffe, sondern Symptome zwischenmenschlicher Dynamiken. Das Bewusstsein darüber sorgte bei mir dafür, dass ich die an mich herangetragenen Zuschreibungen oder Aufforderungen in den meisten Fällen als Option begriff, nicht als Zwang. Das heißt, ich hatte ein klar umrissenes Gefühl zu mir und meinem Körper. Denn das Verhältnis zwischen uns und den Menschen ist ein dialogisches. Das Verhältnis zwischen uns und der Welt ist ein dialogisches. Nichts davon ist einseitig, sondern die von Geburt an mitgegebene Mündigkeit erlaubt einem jeden, auf das Außen im Rahmen der eigenen Möglichkeiten zu reagieren, und manchmal sogar über die Grenzen der eigenen Möglichkeiten hinaus (siehe Steuerhinterziehung aus dem Geld-Kapitel ;-)).

Dieses sehr klar umrissene Gefühl, das ich mir im Übrigen zu einem großen Teil mental erarbeitet habe, führte auch dazu, dass ich die Wünsche, Vorstellungen und Erwartungen des Außen nicht als Angriff verstand. Das Außen, also die anderen Menschen um mich herum, sind nicht mein Feind, und ich und mein Körper stehen dem Außen nicht zur freien Verfügung, sondern wir beide leben zusammen auf diesem Planeten. Dieses Zusammensein ist von Dynamiken geprägt, die sich über Jahrtausende entwickelt haben und stetig weiter allen möglichen Veränderungen unterworfen sind. Das bedeutet, selbst die Dynamiken, die unangenehm und anstrengend sind, sind nicht in Stein gemeißelt. Sie sind kein Teil einer großen Verschwörung einer kapitalistischen Elite, sondern ein Produkt menschlichen Zusammenlebens. Denn dass sich im Laufe der Menschheitsgeschichte die Gesellschaft und die Welt überhaupt verändern konnte, liegt daran, dass nichts, wirklich rein gar nichts, statisch ist. Es gibt das Objekt des Patriarchats nicht, das mir Körperideale aufzwingt und mich mit Absicht unfrei und unglücklich sehen will. Genauso wie Frauen nicht irgendwelche Objekte sind – handlungsunfähig und ausgeliefert, ohne Chance auf Teilhabe und Veränderung. Dieses zutiefst dichotome Denken, das selbstverständlich christlich geprägt ist – mehr als es jene, die es propagieren im Übrigen wahrhaben wollen –, katapultiert uns geradewegs in eine Sackgasse. Es schafft Fronten und entlässt uns aus der Verantwortung. Und es ist trügerisch, weil das Patriarchat eben kein Objekt, sondern ein Zusammenschluss von Subjekten ist, die sich aktiv und passiv für eine bestimmte Form des menschlichen Zusammenlebens entschieden haben. Das ist kein Grund zu verzweifeln oder die Fackeln und Mistgabeln rauszuholen, sondern eine Chance, sich zu fragen, was jeder Einzelne in dieser Dynamik tun kann, damit sie sich verändert. Diese Taktik, das Politische zu privatisieren, wird von Woke Warriors oder Social Justice Fightern abgelehnt. Dagegen wird das konkrete Eingreifen des Staates und der Justiz gefordert, um gesellschaftliche Veränderungen durchzusetzen. Aber ob eine Frau oder ein Mann nun Bodyissues ausbildet, weil sie oder er Videos auf Instagram schaut und es nicht schafft, Realität von Fiktion zu unterscheiden und sich gleichzeitig abzugrenzen, kann kein Staat und kein Rechtssystem verhindern. Der Wunsch nach einer »starken Hand«, die in unser Privatleben eingreift, um uns vorm *pösen* Kapitalismus und seinen Nebenwirkungen zu retten, ist nicht progressiv, nicht revolutionär, sondern infantil.

Nicht zuletzt war es der *pöse* Kapitalismus, der vor zwanzig Jahren das Problem der einseitigen Körperbilder in der Werbung thematisierte. Die Marke *Dove*, die 2004 vermutlich eine der ersten »body diversen«-Kampagnen launchte, ebnete weltweit den Weg für die öffentliche Auseinandersetzung mit und die Kritik an Schönheitsidealen. Heute gibt es keine einzige Marke mehr, die es sich leisten kann, mit nichtdiversen Körperbildern zu kommunizieren. Es gibt eben nicht einfach nur einen Täter und ein Opfer. Also nicht die Werbung ist der Täter, die uns jahrelang »falsche« Körperbilder präsentierte, und wir Frauen, Männer oder Menschen sind nicht nur die Opfer, die, ohne etwas tun zu können, diesen absurden Idealen hinterherhecheln. Wir sind es, die Werbung gemacht haben, und deswegen sind wir es auch, die Werbung verändern können. Wir sind das System, in dem wir leben. Deswegen haben wir auch täglich Einfluss auf dieses System, in dem wir leben. Wir halten es aufrecht, wir verändern es, passiv oder aktiv.

Ich habe insgesamt zwei große und eine mittelgroße Narbe an meinem Körper, die durch zwei große und eine mittelgroße Operation entstanden sind, denen ich mich unterziehen musste. Mich nerven diese Narben, weil sie mich natürlich an einen Ausnahmezustand in meinem Leben erinnern. An einen Moment, an dem nicht alles nach Plan lief und ich deshalb ärztliche Hilfe in Anspruch nehmen musste. Danach wurde mein Körper versehrt an mich zurückgegeben. Ich wünschte, ich hätte diese Narben nicht. Nicht, weil die Narben nicht dem gängigen Schönheitsideal entsprechen, nicht, weil mich die Körper anderer narbenfreier Menschen triggern und täglich daran erinnern, dass mein Körper nun nicht mehr wie ihrer aussieht, sondern weil sie ein Beweis dafür sind, dass ich ein paar falsche Entscheidungen getroffen habe. Denn zwei von ihnen sind meinem riskanten Lebensstil zuzuschreiben. Und selbst ich, jemand, der nun auf vielen Seiten ausführlich an Eigenverantwortung und Selbstwirksamkeit appelliert hat, hadere mit der schweren Bürde, die das Menschsein mit sich bringt. Verantwortung ist nicht einfach. Für sich und sein Handeln Verantwortung zu übernehmen, ist nervig, beschissen, schmerzhaft, hart und anstrengend. Diese Narben sind Schaubild meiner falschen Lebensentscheidungen und etliche Jahre habe ich sie so vor sich hin »narben« lassen. Erst vor einigen Monaten fing ich an zu recherchieren, ob man sie nicht vielleicht weniger narbig aussehen lassen könnte, und immer mehr entstand der Wunsch in mir, sie einfach verschwinden zu lassen. Weglasern eben oder wegfillern oder was es da alles so gibt. Und ja, ich weiß, jetzt sagen einige »Mach doch!« und wieder andere sagen »Lass sie!«. Ähnlich wie auch die Frage zum Altern oder anderen Körpereingriffen zur Optimierung gegensätzlich beantwortet werden würde.

Ich selbst habe diese Fragen bis zu meinem 36. Lebensjahr immer gleich beantwortet: ich altere natürlich, ich lasse nichts machen, ich bleibe, wie ich bin. Bis ich mich und meinen Blick darauf veränderte und zum ersten Mal Botox ausprobierte, weil mir die Jahre als Single-Mum ein bisschen zu sehr ins Gesicht gestanzt worden sind. 2017 ließ ich meine Zornesfalte botoxen und erlebte Wochen danach plötzlich die größte Revelation aller Zeiten. Nämlich, dass das Lähmen der Gesichtsmuskeln, die die Zornesfalte überhaupt erst produzierten, nicht nur für ein besseres Hautbild sorgte, sondern für ein besseres Lebensgefühl. Mein Allgemeinbefinden veränderte sich zum Positiven. Ich war, einfach weil ich mich nicht mehr aktiv im Gesicht verkrampfen konnte, entspannter. Mein Nacken war entspannter, mein Kopf war entspannter, mein Geist war entspannter. Stück für Stück erlaubte ich mir auch, meine grauen Haare zu färben, mit Fillern weitere Alterungserscheinungen zu bekämpfen, und meldete mich sogar in einem Sportstudio an, um mir einen geilen Hintern anzutrainieren. Ich begann, meinen Körper zu optimieren, so würde man meinen. Hatte mich der Kapitalismus nun endlich auch in die Finger bekommen? Verlor ich entgegen meinen Überzeugungen den Kampf gegen den Male Gaze? War ich trotz aller Triggerwarnungen der illusorischen Welt von Instagram erlegen? Oder hatte ich einfach angefangen, mich aktiv um meinen Körper zu kümmern? Sorgte ich nicht vielmehr dafür, ihn für die restliche Lebenszeit, die mir bleiben würde, vorzubereiten und überlebensfähig zu machen?

Welche Theorie oder Erklärung auch immer stimmt, wichtig ist, dass diese aktive Auseinandersetzung mit meinem Körper, die »Optimierung«, von der Kritiker sprechen würden, die Pflege, von der ich sprechen würde, für ein besseres Allgemeinbefinden sorgte. Warum auch immer. Das spielt gar keine Rolle. Mir geht es damit besser. Und vielen Frauen und Männern da draußen, die sich ihre Hintern vergrößern lassen, ihre Brüste verkleinern, ihre Nase modifizieren, Haare transplantieren, denen geht es nach ihren Behandlungen auch besser. Und dann gibt es noch Milliarden Frauen und Männern, die nichts von alledem machen, die ihre Glatze oder grauen Haare, die ihre Nasen, Brüste, Hintern, Wangenknochen so lassen, wie sie sind, und die damit glücklich sind. Wir haben es hier also mit den Optimierern und den Optimierungs-gegnern zu tun. Sie beide leben in derselben Welt, sind zum großen Teil sogar ähnlich sozialisiert, haben aber unterschiedliche Denk- und Bezugssysteme. Sie hängen, wenn man so will, unterschiedlichen Ideologien an, die jeweils parallel in unserer Gesellschaft existieren. Die Optimierer behaupten in diesem Fall, sie würden einfach eine freiheitliche Entscheidung in Bezug auf ihren Körper treffen, während die Optimierungsgegner den Optimie-rern vorwerfen, dass sie einer Ideologie verfallen sind. Aber entweder sind beide einer Ideologie verfallen und demnach unfrei, oder sie haben sich freiwillig für die eine oder andere Ideologie entschieden und folgen den jewei-ligen Standards, weil sie diese Kraft ihrer Mündigkeit als positiv für das eigene Leben bewertet haben. Bewiesen wäre damit zumindest, dass keine der Seiten die fucking Wahrheit gepachtet hat und dass wir glücklicherweise in einer Welt leben, in der es sehr wohl gegensätzliche Be-zugssysteme geben kann. Bewiesen wäre damit auch, dass man sich in seinem Leben ständig zwischen den unter-schiedlichen Bezugssystemen bewegt und seine Position zu ihnen verändern kann. Das zeugt zumindest von einem Mindestmaß an Autonomie, das uns offensichtlich qua Geburt gegeben ist. Es zeugt auch davon, dass es absolut notwendig ist, die Widersprüchlichkeit dieser Welt aus-zuhalten und sich damit in Ambiguitätstoleranz zu üben. Und es zeugt davon, dass die Entscheidungen, die man in Bezug auf seinen Körper trifft, vielleicht einfach als per-sonal business und weniger als Beweis für das eine oder andere gesellschaftliche Ideal begriffen werden sollten.

Nachwort

In diesem Text sollte es nie darum gehen, was Männer alles tun müssten, könnten und sollten, um das Leben von Frauen zu verbessern. Es sollte auch nie darum gehen, was die Regierungen und Institutionen alles tun müssten, könnten und sollten, um das Leben von Frauen zu verbessern. Und es sollte auch nie darum gehen, zu erörtern, welche Ungerechtigkeiten, Hindernisse und Gewalterfahrungen Frauen im Laufe der letzten Jahrtausende erfahren mussten. Mein Text hat nur ein Ziel, und das ist, daran zu erinnern, dass wir Frauen, entgegen allen Behauptungen, frei, autonom und unabhängig sind. Dass wir noch freier, autonomer und unabhängiger werden könnten, wenn wir zu 100 Prozent unser eigenes Geld verdienten und unser Leben mit allen Höhen und Tiefen, Glücksmomenten und Hürden selbst in die Hand nehmen würden. Ganz so, wie es die ersten Feministinnen für uns wollten, als sie die gesetzlichen Voraussetzungen dafür erkämpften. Denn wir sind vor dem Gesetz längst gleich. Und noch mehr. Wir sind stark. Wir besitzen eigene, vom Mann und seinen Erwartungen an uns völlig getrennte, Willenskräfte und Handlungsspielräume. Wir haben eine individuelle Sexualität fernab vom Male Gaze. Die Beziehung zu unserem Körper definieren wir, kein anderer. Denn wir sind mündig, trotz der Grenzen und Möglichkeiten, die jedwede Gesellschaftsform für das darin lebende Individuum bereithält. Wir sind autonome Subjekte, die selbst für ihr Glück sorgen und ihr Leben so gestalten, wie wir es für richtig halten, egal, was die »anderen«, also die Einzelteile einer Gesellschaft, von uns denken mögen. Denn wir sind diesen Einzelteilen einer Gesellschaft, also den anderen Menschen, viel egaler, als wir glauben. Die Paranoia, der andere wolle uns etwas Böses, würde uns bewerten, verhindere aktiv das eigene Glück, ist einem infantilen Narzissmus geschuldet, der die eigene Person ins Zentrum der Welt der anderen rückt, obwohl die anderen uns dort niemals verorten würden. Denn wir sind unwichtig. Wir werden sterben. Früher, als es uns lieb ist.

Literatur

Adorno, Theodor W.: Studien zum autoritären Charakter, Suhrkamp 2020.

Arendt, Hannah: Über das Böse. Eine Vorlesung zu Fragen der Ethik, Piper 2007.

Dies., Was heißt persönliche Verantwortung in einer Diktatur? Mit einem Essay von Marie Luise Knott, Piper 2018.

Ariès, Philippe u.a. (Hrsg.): Die Masken des Begehrens und die Metamorphosen der Sinnlichkeit, S. Fischer 1995.

Balzer, Philipp und Rippe, Klaus Peter (Hrsg.): Philosophie und Sex. Zeitgenössische Beiträge, dtv 2000.

Barthes, Roland: Fragmente einer Sprache der Liebe, Suhrkamp 2015.

Bataille, Georges: Das obszöne Werk, Rowohlt 1988.

Baum, Antonia: Stillleben, Piper 2019.

Beard, Mary: Frauen und Macht, S. Fischer 2018.

Berdjajew, Nikolai: Das ich und die Welt der Objekte. Versuch einer Philosophie der Einsamkeit und Gemeinschaft, Holle Verlag 1951.

Bergner, Daniel: Die versteckte Lust der Frauen. Ein Forschungsbericht, Knaus 2014.

Braun, Christina von und Stephan, Inge (Hrsg.): Gender-Studien. Eine Einführung, J.B. Melzer 2006.

Buber, Martin: Vorlesungen über Judentum und Christentum (= Martin Buber-Werkausgabe (MBW) Band 5), Gütersloher Verlagshaus 2017.

Ders., Schriften über das dialogische Prinzip (= Martin Buber-Werkausgabe (MBW) Band 4), Gütersloher Verlagshaus 2019.

Butler, Judith: Das Unbehagen der Geschlechter, Suhrkamp 2021.

Byung-Chul Han: Transparenzgesellschaft, Matthes & Seitz 2012.

Ders.: Agonie des Eros, Matthes & Seitz 2017.

Casper, Bernhard: Das dialogische Denken. Franz Rosenzweig, Ferdinand Ebner und Martin Buber. Um einen Exkurs zu Emmanuel Levinas erweiterte Neuausgabe, Verlag Karl Alber 2017.

de Beauvoir, Simone: Das andere Geschlecht, Sitte und Sexus der Frau, Rowohlt 2000.

Federici, Siliva: Aufstand aus der Küche. Reproduktionsarbeit im globalen Kapitalismus und die unvollendete feministische Revolution, Edition Assemblage 2012.

Flaßpöhler, Svenja: Die potente Frau. Für eine neue Weiblichkeit, Ullstein 2018.

Foucault, Michel: Sexualität und Wahrheit, Bd. 1-4, Suhrkamp 2020.

Freud, Sigmund: Das Unbehagen in der Kultur, S. Fischer 2009.

Fricker, Miranda: Epistemic Injustice. Power and the Ethics of Knowing, Oxford University Press 2007.

Friday, Nancy: Die sexuellen Phantasien der Männer. Traumland der Lust, S. Fischer 2017.

Fromm, Erich: Die Furcht vor der Freiheit, dtv 2021.

Fukuyama, Francis: Identität. Wie der Verlust der Würde unsere Demokratie gefährdet, Atlantik 2020.

Grey, Sasha: Neü Sex, Heyne 2011.

Haerdle, Stephanie: Spritzen. Geschichte der weiblichen Ejakulation, Nautilus 2020.

Hagengruber, Ruth: Klassische philosophische Texte von Frauen, dtv 1998.

Harding, Sandra: The Science Question in Feminism, Cornell University Press 1986.

Hartsock, Nancy: The Feminist Standpoint Revisited And Other Essays, Westview Press 1998.

Hobbes, Thomas: Leviathan I und II, Suhrkamp 2021.

Honneth, Axel: Das Ich im Wir, Suhrkamp 2021.

Ders.: Verdinglichung. Eine anerkennungstheoretische Studie, Suhrkamp 2015.

Illouz, Eva: Die neue Liebesordnung. Frauen, Männer und Shades of Grey, Suhrkamp 2022.

Dies.: Der Konsum der Romantik, Suhrkamp 2022.

Dies.: Gefühle in Zeiten des Kapitalismus, Suhrkamp 2021.

Dies.: Warum Liebe wehtut. Eine soziologische Erklärung, Suhrkamp 2019.

Dies.: Die Errettung der modernen Seele, Suhrkamp 2009.

Kaiser, Susanne: Politische Männlichkeit. Wie Incels, Fundamentalisten und Autoritäre für das Patriarchat mobilmachen, Suhrkamp 2021.

Klein, Ezra: Why We're Polarized, Profile Books 2021.

Krenkel, Werner A.: Erotica Antiqva, Teubner 1990.

Kucklick, Christoph: Das unmoralische Geschlecht. Zur Genese der negativen Andrologie, Suhrkamp 2021.

Lauster, Peter: Die Liebe. Psychologie eines Phänomens, Rowohlt 2009.

Levinas, Emmanuel: Zwischen uns: Versuche über das Denken an den Anderen, Hanser 2007.

Luhmann, Niklas: Liebe als Passion. Zur Codierung von Intimität, Suhrkamp 2022.

Nagl-Docekal, Herta: Feministische Philosophie, S. Fischer 2016.

Penny, Laurie: Flesichmarkt. Weibliche Körper im Kapitalismus, Nautilus 2012.

Dies.: Unsagbare Dinge. Sex, Lügen und Revolution, Nautilus 2015.

Platon: Das Gastmahl, Reclam 2008.

Plauen, Michael und Welzer, Harald: Autonomie. Eine Verteidigung, S. Fischer 2015.

Rosenzweig, Franz: Mein Ich entsteht im Du. Ausgewählte Texte zu Sprache, Dialog und Übersetzung, Verlag Karl Alber 2013.

Rulffes, Evke: Die Erfindung der Hausfrau. Geschichte einer Entwertung, Harper Collins 2021.

Sennet, Richard: Der flexible Mensch, Siedler 2000.

Solnit, Rebecca: Wenn Männer mir die Welt erklären, btb 2017.

Solov'ev, Vladimir: Der Sinn der Liebe, Felix Meiner Verlag 1985.

Sonntag, Michael: Das Verborgene des Herzens, Rowohlt 1999.

Stokowski, Margarete: Untenrum frei, Rowohlt 2018.

Stopczyk, Annegret (Hrsg.): Mutter, Muse, Megäre, Aufbau 1997.

Tiqqun: Grundbausteine einer Theorie des Jungen-Mädchens, Merve 2009.

Tlusty, Ann-Kristin: Süss, Hanser 2021.

Anmerkungen

1 Frauen verdienen 18 Prozent weniger als Männer: https://www.destatis.de/DE/Presse/Pressemitteilungen/2021/03/PD21_106_621.html (zuletzt aufgerufen am 14.03.2022)

2 Der Erwerbsanteil von Frauen in Vollzeit liegt in Deutschland bei 31 Prozent: https://www.bpb.de/kurz-knapp/zahlen-und-fakten/soziale-situation-in-deutschland/61688/erwerbstaetigenquoten-nach-geschlecht-und-alter/ (zuletzt aufgerufen am 23.03.2022)

3 Der Pay Gap ist in Westdeutschland höher als in Ostdeutschland: https://www.destatis.de/DE/Presse/Pressemitteilungen/2022/03/PD22_088_621.html (zuletzt aufgerufen am 23.03.2022)

4 Nur etwa 30 Prozent der Frauen in Deutschland sind finanziell unabhängig: https://www.destatis.de/DE/Presse/Pressemitteilungen/2020/03/PD20_N010_132.html (zuletzt aufgerufen am 14.03.2022)

5 1989 waren 91 Prozent der Frauen in der DDR erwerbstätig: https://www.bmfsfj.de/resource/blob/93168/8018cef974d4ecaa075ab3f46051a479/25-jahre-deutsche-einheit-gleichstellung-und-geschlechtergerechtigkeit-in-ostdeutschland-und-westdeutschland-data.pdf (zuletzt aufgerufen am 14.03.2022)

6 In Frankreich liegt die Frauenerwerbsquote von Müttern in Vollzeit bei 65 Prozent: https://www.connexion-emploi.com/de/a/frauen-auf-dem-arbeitsmarkt-in-frankreich-arbeiten-sie-mehr-als-deutsche (zuletzt aufgerufen am 14.03.2022)